SOIS MÈRE ET TAIS-TOI
(MÈREINDIGNEXOXO)

Tut-Tut est une marque des édition Leduc.s.
Découvrez la totalité du catalogue Leduc.s et achetez directement les ouvrages qui vous intéressent sur le site : **www.editionsleduc.com**

Conseil éditorial : Nicolas Kalogeropoulos
Suivi éditorial : Camille von Rosenchild
Maquette et illustrations : Élisabeth Chardin

29 boulevard Raspail
75007 Paris – France

ISBN : 978-2-36704-174-2

OLIVIA MOORE

SOIS MÈRE ET TAIS-TOI

(MÈRE INDIGNE XOXO)

TUT-TUT

SOMMAIRE

Jeudi 27 octobre 2016

Après Olivia Moore « le spectacle », Olivia Moore « la page trucs de mère indigne », Olivia Moore « fait *des* chroniques chez Anne Roumanoff », voici Olivia Moore, « le livre ».

Enfin le livre... Pour moi, un « livre » c'est Balzac et Racine. Soyons justes, nous en sommes loin.

Si je devais le qualifier, je dirais que vous avez entre les mains un objet de type littéraire, qui est un essai d'ouvrage de confidences biographiques, romancé de développement personnel relativement humoristique. La triste réalité, c'est qu'il m'était impossible de choisir entre toutes ces catégories.

Si je puis me permettre un avis sur la façon de lire cette production – certes intellectuelle mais parfaitement bête à certains moments –, je vous encourage à prendre la liberté de ne lire que ce qui vous intéresse.

Ce livre est en effet composé de textes plus ou moins drôles, avec ou sans propos, de trucs de mère débordée au quotidien, d'élans lyriques assumés et d'anecdotes pathétiques. Sa lecture peut dont se faire au hasard de votre humeur du moment, étant entendu que vous avez également le droit de le lire dans l'ordre, du début à la fin.

Bonne lecture
Maman vous aime,
Olivia Moore.

ENFANCE D'UNE APPRENTIE MÈRE

Je suis enfant. Je me regarde dans le miroir et je décide que l'enfance, c'est tout pourri. Je suis une enfant et je hais l'enfance. L'enfance, c'est l'impuissance, la soumission à des adultes tous aussi décevants les uns que les autres, les peurs incontrôlables, l'imagination qui galope sans frein, les injustices auxquelles on ne peut rien. L'enfance est une prison dont les adultes sont les barreaux.

Heureusement, à quatre ans, je viens d'avoir un petit frère, donc, en toute logique, je ne suis plus une enfant : je suis une mère.

J'ai quatre ans, une impressionnante coupe au bol, un pull à col roulé orange et je suis en maternelle. À la récré, armée d'un paquet de mouchoirs et d'un verre d'eau, je ne joue pas : je soigne.

Je suis l'infirmière en chef auto-désignée, les enfants viennent me voir sur l'escalier où je trône avec mon attirail de soin. La compulsion de maternage, ça s'appelle : je materne tout, tout le monde. Je prends en charge et j'adore ça. Parce que, bon, sinon, il faudrait être une enfant et être une enfant, « c'est nul ».

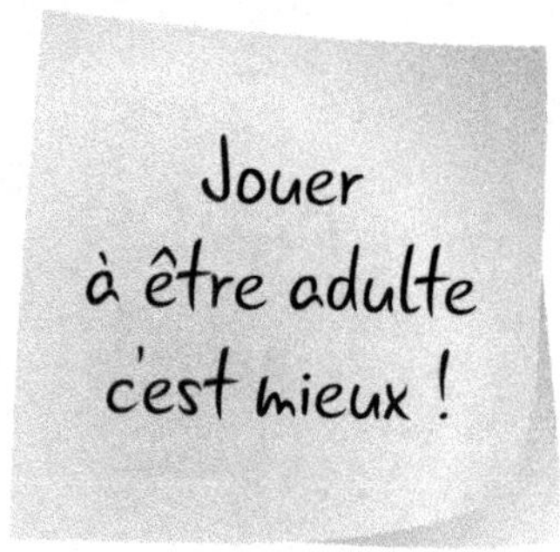

En réalité, je suis une enfant terrifiée par tant de choses que jouer à l'adulte m'occupe la tête et m'empêche d'avoir peur[1].

Je n'ai pas peur de croiser des monstres, je ne crois pas encore aux fantômes. En revanche, j'ai peur des gens qui crient, des portes de garage automatiques et des portes d'immeubles en verre que je ne sais pas ouvrir. J'ai peur de tout ce qui peut me garder coincée, enfermée quelque part... (Garage angoissant ou ma mère qui s'énerve dans un magasin, même combat.)

---

1. Mes enfants actuels ne sont pas aussi flippés que moi au même âge, hélas. Mon appartement serait tellement plus propre...

Bref : à partir de quatre ans, j'ai du boulot, moi. Pas le temps de m'angoisser avec des histoires d'abandon, de fantômes ou de cauchemar... Je m'intéresse aux trucs des adultes, puisque je me considère comme une adulte en réduction, rien de moins. Du coup, la maternité, ça me connaît.

Aussi loin que je me rappelle, j'ai toujours été petite en taille. Pas seulement petite, mais LA PLUS petite. Celle qui est toujours en bas à droite, au premier rang sur la photo de classe. À l'époque, ce constat me désole : comment faire l'adulte quand on fait moins d'un mètre dix ?
Pas grave ! Je passe les dix années qui suivent à faire des trucs d'adultes : je parle comme eux et je m'habille comme eux. Avec beaucoup de conviction et un sens du ridicule proche du sol.

Ma mère me refile les affaires qu'elle ne met plus, des boucles d'oreilles qui font la taille d'embrasses à rideaux, j'utilise des mots beaucoup trop compliqués pour mon âge, je sais préparer des frites surgelées au four et nettoyer la cuisine...
Du coup, ma mère (qui ne manque décidément pas d'esprit) m'appelle Cosette et je trouve ça très flatteur. J'ai toujours eu le sens des paroles valorisantes.

Dans la cour de l'école je suis décalée en tout : je parle comme une adulte et je lis pendant la récré ; en classe, je joue aux « cartes avion[2] » parce que je m'ennuie comme un rat mort et la maîtresse réalise au bout de trois mois que je ne fais plus mes devoirs.

Globalement, je fais tout pour qu'on croie que je suis une naine. Une adulte qui n'a pas grandi, ce qui est toujours mieux que d'être une enfant – aujourd'hui encore, mon sens des priorités de l'époque m'épate.

Compte tenu de cette singulière forme d'esprit et de cette personnalité attachante, je récupère tout le long de ma scolarité une foule de surnoms affectueux.

---

2. En CM2, je suis incollable sur le McDonnell Douglas.

Liste de mes surnoms scolaires

CP : « la naine » – Un classique, et je l'ai bien cherché. Pour moi, c'est presque un compliment.

CE2 : « le serpent à lunettes » – Nom dont on affuble un.e enfant dont la monture de lunettes fait deux fois la taille du visage.

6e : « Atchoum, ben t'es où ? » – un.e camarade fait mine d'éternuer puis de me chercher, comme si je m'étais envolée sous l'effet du souffle – qu'est-ce qu'on rigole.

3e : « la bizuth » – Comme je suis toujours la plus petite du collège, même les 5ème me bizutent.

Terminale : « LSD », pour « Elle Suce Debout » – Finesse, maturité et conception large de l'orthographe…

ON NE NAÎT PAS MÈRE INDIGNE, ON LE DEVIENT

SIMONE DE BAVOIR

25 ANS ET DÉJÀ BELLE-MÈRE

Ma grande belle-fille, qui a déjà passé les 25 ans, m'a regardée un jour en réalisant : « *À mon âge, tu avais déjà deux beaux enfants ?!* » Comme elle avait l'air vaguement traumatisée, je me suis mise en devoir de la rassurer : « *Tu sais ma chérie, vous n'étiez pas si beaux que ça*[1]... »

À l'époque, j'ai 25 ans et je suis folle amoureuse d'un homme séparé, qui a deux enfants. Je ne me pose même pas la question de prendre l'ensemble des articles ou pas : tout me paraît formidable.

« *Oh tu sais, ils ont 7 et 13 ans, ils sont trop mignons... Et puis j'ai l'habitude, j'ai eu deux petits frères, je sais ce que c'est.*

---

1. Rire hystérique de l'auteure.

La différence d'âge ? 12 ans, c'est rien de nos jours. De toute façon, les mecs de notre âge...

Le divorce ? Ça va aller vite. Ils sont d'accord, je crois. Et puis ils étaient déjà séparés quand je l'ai rencontré. »

Total : ça a duré sept ans, les deux ex-conjoints se sont arraché la tête et j'ai passé l'équivalent d'un temps plein à entendre parler de cette procédure qui n'en finissait plus.
Plus visionnaire que moi, on ne fait pas.

À 25 ans, donc, je traverse le Guernica du divorce de mon conjoint en tenant ses enfants par la main et en essayant de ne pas lâcher, même si tout le monde prend des coups.

Entre autres réjouissances, son ex-femme appointe régulièrement des détectives privés pour nous suivre, ce qui me vaut de me cogner dans le même gars trois fois dans la journée, parce que je suis la spécialiste internationale du : « *Ah, mais c'est pas là que je voulais aller !* » et que je me retourne brusquement dans la rue, sans prévenir.
Crise cardiaque du type. Crise de nerfs de moi.

Une fois, cependant, je prends ma revanche sur cette profession en poursuivant moi-même le détective qui m'a suivie jusque chez mes parents.

Le principe d'un détective privé étant d'être discret, une fois que je le repère, je le suis ostensiblement, je le fais cavaler dans les rues, je le coince dans une entrée d'immeuble et je l'oblige à sortir par le garage pour ne pas se faire gauler. Je m'amuse d'un rien.

Pour résumer, je deviens « belle-mère » dans un contexte de guerre, où les enfants portent les couleurs des deux armées ennemies.

En contexte apaisé, beau-parent est déjà un rôle très ingrat : parent non officiel, regardé de haut par les « vrais » parents, qui ne cessent de lui rappeler : « *Non, mais c'est pas pareil quand c'est pas ton enfant.* » Je confirme. C'est vrai que ce n'est pas pareil, c'est pire !

On parle parfois de la souffrance des enfants non désirés, mais être beau-parent, c'est être un parent non désiré, aussi.

Il est assez rare que les enfants du conjoint disent à leur belle-mère : « *J'adore que papa soit amoureux de toi ! On est tellement contents que tu sois là... Surtout, ne pars jamais !* » C'est assez rare, en effet, compte tenu du fait qu'ils ressentent et espèrent vigoureusement l'inverse.

Échelle de popularité familiale

Si l'on devait élaborer une échelle de popularité familiale, avec classement des parents du plus au moins populaire, cela donnerait sans doute le résultat suivant :

1 – les parents biologiques

2 – les grands-parents biologiques

3 – les parents adoptifs

4 – les grands frères/grandes sœurs

5 – un rat

6 – une araignée venimeuse

7 – un serpent

8 – le beau-parent

Fréquenter des beaux-enfants, c'est donc partir avec un handicap à moins cent sur l'échelle d'appréciation des parents. Pour résumer l'opinion générale : si tu pouvais passer assez rapidement sous un bus, ça arrangerait tout le monde.
Vous me direz : on peut être la conjointe d'un homme séparé sans devenir pour autant la belle-mère de ses enfants. C'est absolument juste, mais ça ne m'a même pas effleurée à l'époque. « L'inconscience de la jeunesse... »

Quoi qu'il en soit, la vie amoureuse d'une belle mère de 25 ans, c'est l'apprentissage en un temps record des contraintes de la vie domestique tout en commençant une histoire d'amour échevelée : préparer un gâteau d'anniversaire entre deux parties de jambes en l'air.

Être une belle-mère de 25 ans, c'est aussi devoir répondre à un enfant de sept ans qui débarque dans la chambre de son père sans prévenir : « *Euh oui, j'ai dormi avec... enfin ton papa... et euh, je n'ai pas de culotte là, tu veux bien sortir ?!* »

« Beau » parent ? Non. « Sous » parent, oui.

Pour moi, devenir beau-parent, c'est ce que doit ressentir un entrepreneur de travaux débutant quand on lui confie une reprise de chantier. Il n'a aucune idée des fondations, les architectes ne lui filent pas toutes les infos, il a un marteau et un clou et on lui dit : « *Tu veux bien filer un coup de main pour la cathédrale ?* » En plus, il pleut.

« Belle mère », « beaux » enfants. Je trouve amusant qu'on ait choisi l'adjectif « beau » ou « belle » pour désigner tous ces gens. Comme si le vocabulaire cherchait à compenser la difficulté de la situation.

Je n'ai aucune idée de la façon dont mes beaux-enfants ont pu vivre mon parachutage dans leur univers. Je sais juste que, très tôt, je leur ai fait bénéficier de mon humour débordant... Quand leur père leur disait : « *Allez prendre votre douche* », je passais à côté d'eux en renchérissant : « *Ah, c'était ça, l'odeur*[2]*...* »
Alors j'avoue quand même avoir pas mal d'admiration pour eux.

---

2. Avant que vous n'appeliez l'aide sociale à l'enfance : oui, ils riaient.

GROSSITUDE, VOMISSEMENTS ET CARRIÉRATION

À trente ans, je suis enceinte pour la première fois. Je suis contente, mais je déteste ça. Et ce sera presque pareil les deux fois suivantes, même si je commence à m'habituer.

Pendant ma première grossesse, je prends progressivement conscience que mon corps ne m'appartient plus. Il appartient à la science médicale, à la société, aux hormones, mais plus à moi.
Joie : les trois premiers mois, la moindre couverture de magazine avec un bébé dessus me fait vomir. Dans les rares moments

où je n'ai pas envie de dormir, je me sens coupable : je vais forcément être une mère atroce puisque je déteste être enceinte. Depuis, heureusement, je fais fort bien la différence entre aimer être enceinte et aimer ses enfants : l'un ne conditionne absolument pas l'autre et vice versa. De même qu'on peut aimer ses enfants et détester devoir les éduquer, et vice versa.

Carburant de la femme qui usine un enfant

Par ailleurs, je me nourris exclusivement de saucisson.
Concernant la nourriture, il est apparemment dangereux d'absorber certains aliments. Il est beaucoup plus dangereux – pour mon entourage – d'essayer de m'empêcher de manger quoi que ce soit. Je considère que, puisque mon corps a pris le contrôle de ma vie, si mon corps réclame du saucisson, des sashimis et de la viande crue, c'est qu'il a raison. En plus, j'ai déjà eu la toxoplasmose grâce à Pistache, mon chat sans queue qui vivait avec nous quand j'avais huit ans.

1000 raisons de NE PAS faire d'enfant

Je déteste être enceinte, donc, mais je n'envisage pas de changer d'avis. Il y a pourtant tellement de raisons de s'abstenir de faire un enfant...

1. Je fais du yoga, du Pilates, j'ai des amis formidables... Bref : je n'ai pas le temps.

2. Je n'ai aucune envie de déformer mon corps.

3. Je ne suis pas d'humeur à prendre quelqu'un d'autre en charge, a fortiori s'il est vivant.

4. Je suis désolée, je fais carrière.

5. Je n'aime pas les enfants en général.

6. Je suis moi-même encore une enfant, comment voulez-vous que j'en élève un ? Soyons sérieux...

7. Vous savez combien ça coûte, d'élever un enfant ?!

8. On est suffisamment nombreux sur terre, merci.

9. Je n'ai pas la main verte et mes trois chats successifs sont morts prématurément. Il vaut mieux que je m'abstienne.

10. J'ai horreur du bruit.

11. J'ai mis dix ans à me payer cet appartement sublime, c'est pas pour qu'un moutard dégoûtant vienne ruiner ma déco.

12. Mes parents ont pourri la première partie de ma vie, je ne laisserai pas des enfants ruiner la deuxième.

13. Je tiens à conserver mon conjoint pour moi seule.

14. J'aime dormir plus que tout au monde.

15. Je veux continuer à manger chaud.

16. J'ai déjà un chien, c'est beaucoup plus reconnaissant.

Etc.

Il y a donc, objectivement, beaucoup plus de raisons de NE PAS faire d'enfants que d'en faire…

Si vous vous êtes reconnu.e dans au moins cinq des raisons qui précèdent et que vous avez des enfants : oui, vous vous êtes un peu emballé.e sur le moment, mais rassurez-vous, vous êtes loin d'être seul.e.

Pourtant, une fois que je suis enceinte, non seulement aucune d'entre elles ne m'effleure, mais j'en trouve des bouquets de bonnes.

Top 10 des raisons pour lesquelles on fait un enfant

1. Parce que tout le monde en fait et que « ça va de soi quand on est en couple[1] ».

2. Parce que, quand on était ado, on cherchait déjà les prénoms de nos futurs enfants.

3. Parce que l'autre en veut et qu'on n'est a priori pas contre, vu qu'on ne mesure ABSOLUMENT PAS ce que ça implique.

1. Prendre la voix de ma mère pour lire ce point-là.

4. Pour ne pas finir seul.e « dévorée par son chat/son chien/son poisson rouge ».

5. Parce qu'on a peur de regretter si on ne le fait pas – l'inconvénient majeur étant qu'une fois que c'est fait, on ne peut pas revenir en arrière[2].

6. Pour être sûr.e qu'on n'est pas stérile et puis, une fois que c'est prouvé, pour voir ce que ça donne à la sortie.

7. Parce qu'on pense sincèrement que les générations suivantes vont faire mieux que nous (enfin, on espère).

8. Parce qu'il faut bien des gens pour payer notre retraite.

9. Parce qu'on s'aime et que « ce serait super qu'il ait tes yeux[3] ».

10. Les hormones.

2. Soit on a des enfants, soit on n'en a pas, on ne peut pas avoir « un petit peu des enfants ». Hélas.

3. Et puis en fait, elle a son nez.

En résumé : si vous craignez la solitude, le silence, l'ennui, faites des enfants. Si, au contraire, vous y prenez globalement plaisir... Non, rien.

Je déteste être enceinte. Essentiellement parce que ça se voit. Moi, je rêve d'avoir une grossesse invisible aux yeux de l'humanité, comme ces femmes qui font un déni, dont le corps ne grossit pas. Malheureusement, je ne réussis jamais mon coup : chaque fois que je suis enceinte, je suis au courant, et le monde entier aussi. Je deviens un objet fascinant et c'est un truc que ne m'explique pas.

Quand je vois le regard illuminé de certain.es sur mon ventre, j'ai l'impression qu'ils.elles s'imaginent voir la Vierge Marie – la Vierge Marie toute verte et qui fait la gueule, mais la Vierge Marie quand même...
La femme enceinte : cet être miraculeux qui fabrique la vie avec sérénité, entre deux gerbes.

Enceinte [Définition]

Ce qui entoure un lieu pour en délimiter ou en défendre l'accès ; ceinture : une enceinte de fossés.[4]

Je crois fermement qu'il y a un problème avec le mot « enceinte ».

Déjà, on parle de « tomber » enceinte, ce qui indique bien qu'on vient de perdre un truc – le truc en question étant probablement le droit d'être autre chose qu'une outre à gosse(s). Ensuite, le terme « enceinte », lui-même, sous-entend que nous sommes réduites à notre fonction : celle de protéger.

En fait, nous ne tombons pas enceinte, nous devenons UNE enceinte, une muraille de château fort, un rempart, une porte blindée, une grenade[5]...

En conséquence, lorsque nous *devenons* enceintes, c'est nous qui sommes enfermées : enfermées dans une apparence, une condition, un état qui prend le pas sur notre identité et notre carrière professionnelle. Sympa.

---

4. www.larousse.fr/dictionnaires/francais/enceinte/
5. Le fruit à la peau dure avec des pépins dedans, pas l'arme de guerre. Quoique.

Notons qu'une enceinte est également un :

Volume délimité par une enveloppe rigide et destiné à recevoir un ou plusieurs haut-parleurs élémentaires et à en améliorer le rayonnement acoustique[6].

Raison pour laquelle nos enfants se croient sans doute obligés d'avoir un volume sonore si élevé quand ils sortent de notre ventre.

Je crois qu'il existe une règle non écrite qui veut qu'une femme enceinte, ça parle essentiellement voire uniquement de grossesse. Sinon, c'est louche.

Enceinte, je vois au regard étonné de mon épicier, de ma banquière, du taxi qu'ils ne s'attendaient pas à ce que je leur parle d'autre chose...

Aux yeux des autres je sens que bien que, lorsqu'on est enceinte, on mange enceinte, on boit enceinte, on baise enceinte. Quoi qu'on fasse, c'est parce qu'on est enceinte...

6. http://www.larousse.fr/dictionnaires/francais/enceinte/

Ce doit être ça, la vie d'une blonde : quoi qu'elle fasse, c'est parce qu'elle est blonde.

Du coup, si je dis à mes proches : « *C'est chaud au travail, j'ai peur de me faire virer* », ils me répondent : « *Oui, mais pense à ce bébé qui arrive... C'est tellement merveilleux...* » Bien sûr. Jeune mère et au chômage. Rien qu'à l'idée, je tressaille de joie.

Si je m'énerve, c'est apparemment aussi parce que je suis enceinte, toute forme d'incompétence ayant subitement disparu de mes fréquentations depuis ma fécondation.
Je conserve le souvenir assez précis de ce serveur de café que j'ai attendu 45 minutes pour payer... Et que j'ai accueilli avec un agacement mesuré, jusqu'au moment cette lueur condescendante est passée dans ses yeux : « *Cause toujours, t'es hystérique parce que t'es enceinte...*
– *Alors non, je suis énervée parce que tu es incompétent et bête, et si tu ne ramènes pas fissa cette P*** de machine à carte bleue, je t'enfonce mon moyen de paiement plus loin que tes rêves ont osé imaginer*[7]*, Capisce ?!* »

Dans ce cas précis, j'avoue, j'ai laissé mes hormones prendre le relais et lui expliquer ma façon de penser – si je n'avais pas été enceinte, il est évident que je serais partie en courant sans payer au bout de quinze minutes d'attente.

---

7. Point Michel Sardou « je vais t'aimer ».

Au boulot, même combat. En plein milieu d'un conflit professionnel, ma collègue et néanmoins ennemie me dit : « *Je vais pas me formaliser parce que t'es enceinte...*
– Si si, formalise-toi, y a pas de problème, c'est vraiment pas la question, j't'assure. En revanche, tu vas virer tes grolles, ton derrière et tes dossiers d'ici parce que c'est MON bureau. »

Enceinte, je vis cette joie intense de voir passer mon corps dans le domaine public – et sans mon consentement.
Les gens me touchent le ventre. On me tripote le bide : « *Je peux te toucher le ventre, ça porte bonheur ?* »
Sourire de madone et réponse immédiate : « *Bien sûr, si je peux te toucher les joyeuses, il paraît que ça rend heureuse.* »

Un jour, une femme que je ne connais pas m'attrape littéralement le nombril : « *Alors, ça pousse ?*
*– Touche à ton c***, toi ! Je te gratte la cellulite pour savoir si ça pousse ?* »

« *C'est pour quand ? C'est quoi ? Vous voulez pas savoir ?* » Dans mon for intérieur je me dis : *Mais pourquoi ?! Vraiment, gardez votre curiosité pour vous, ma grossesse n'est pas un trophée, je ne serai pas vexée si vous ne posez pas de question dessus. Au contraire même.*

Souvent je suis tentée de leur répondre : « *Dans deux ans. Un cheval. Non.* » Juste pour voir.

Grossitude et confidences gênantes

À vrai dire, les questions en soi ne sont pas la partie la plus gênante de ce genre de conversations. Non, la partie VRAIMENT gênante arrive lorsque mon interlocuteur.trice, pris.e d'une envie irrépressible de se confier, se compose une expression gourmande et dit : « *Nous, on essaye depuis deux mois…* » Là, c'est très simple : dans ma tête, je vois l'épicier et sa femme qui font l'amour dans toutes les positions.

Être enceinte, finalement, c'est comme affirmer au monde entier : « Je couche !! » Du coup, les gens se sentent autorisés, eux aussi, à partager leur intimité.
Si je suis cette logique, c'est comme si, après avoir entendu ma chasse d'eau, mes voisins sonnaient à ma porte : « *Hé, moi aussi je viens de faire caca !!!* »

Enceinte, je m'attends absolument à obtenir des compensations matérielles, en vertu de mon effort pour renouveler la population : une place de parking, un siège dans le métro…
C'est pour moi l'occasion de tomber sur une espèce humaine très intéressante : les gens qui détestent les femmes enceintes – gens que je soupçonne, avec le recul, de détester les femmes tout court.
Personnellement, dans cette période critique, j'ai surtout rencontré des gros moustachus qui avaient des problèmes

avec Maman : « *Mais être enceinte c'est pas une maladie madame, vous êtes pas handicapée, vous savez bien rester debout un peu*[8]. »

En substance, on peut retrouver l'essentiel de ma frustration dans ce sketch, écrit après ma troisième grossesse, pas si drôle que ça, mais que j'affectionne beaucoup.

Les hommes enceintes

« J'ai revu Jérôme, il va super bien. Il est enceint. Enfin, il va bien, il est pas complètement conquis. Au début, il était vachement content, il avait une énorme paire de seins pour lui tout seul... Il s'est offert des super soutifs, il s'est maté dans la glace pendant des heures.

Là où il fait la gueule, c'est qu'au bout de six mois de grossesse, il atteint plus Aimable et son orchestre. Il peut plus se les gratter tout seul ; en plus, il est obligé

8. Oui, le dernier que j'ai croisé était Belge.

de faire pipi assis, alors pas l'habitude… La première fois, il relevé la lunette, par réflexe, puis il s'est souvenu qu'il devait s'asseoir… Avec le poids, il a basculé en arrière et il s'est fait un mal de chien. Bon, et puis il a des vergetures… Sur les abdos. Dix ans de muscu pour finir avec un ballon de basket en relief, il est vert…

L'autre jour il s'est battu dans le métro. Il voulait s'asseoir et le gars lui a répondu : « *Être enceinte, c'est pas une maladie.* » Je sais pas ce qui lui a pris, ça doit être les hormones, il lui a pété la mâchoire, dis donc. Enfin, bon, il a pu s'asseoir, au final. Il est au septième mois, là, il est complètement crevé. Il a demandé au médecin de le monter sur roulettes.

À part ça, ça se passe bien. Au bureau, ils l'ont félicité avant de lui retirer ses projets, pour pas qu'il se fatigue trop. C'est sympa, quand même. Y a des mauvaises langues qui *disent : « Ils ont eu peur qu'il devienne aussi chiant qu'une femme.* » Moi j'y crois pas. Et puis, ce qui est sympa, c'est qu'en son absence, c'est un gars de son équipe qui le remplace. C'est sûr, il va lui rendre son job quand il va rentrer. En revanche il aura pas son augmentation cette année. Ah, ben, il part quand même se reposer, en quelque sorte, on peut pas tout avoir… Non, et puis à son retour, il va être moins investi, forcément. C'est normal, avec un enfant.

Un truc qui l'agace un peu, quand même, c'est qu'on ne lui parle plus que de ça. Dès qu'il essaye d'avoir une conversation un peu sérieuse, c'est : « *Oui, moi ça va, je viens de décrocher un super bud... Oui, pour mars, j'accouche en mars. Oui, non, je disais que j'ai décro... Oui, mon médecin est super, oui à la paternité de Neuilly... Où j'en étais, moi ? Ah, oui, le bud... Oui, on connaît le sexe, mais on le dit pas, oui, on a choisi le prénom, non, je suis pas fatigué, oui, mes parents sont contents, oui, c'est le premier, oui, je veux bien du champ...* » (Il suit des yeux une coupe de champagne qui s'échappe...)

Lui qui a fait HEC, Sciences Po et un DEA de finance, ça lui fait un choc. Mais bon, avec le temps, on s'habitue à être pris pour une cruche vide. Non, mais faut le comprendre... Nous, les femmes, on est un peu préparées à être enceintes. Les hommes, en revanche...

Ah, ben quand la sage femme lui a dit : « *Il faut vous épiler tout l'entrejambe avant l'accouchement* », il en a fait une tête ! En ce moment, il hésite pour un truc, c'est la péridurale : l'aiguille la plus longue de toute la médecine moderne, plantée dans son dos sans bouger pendant les contractions... Il a demandé si y avait pas en patch. Bon, et puis l'idée de passer huit heures les pattes en l'air, à poil devant trois personnes, ça le branche moyen. Le truc qui est sûr, c'est qu'il va pas recommencer à faire l'amour le lendemain de l'accouchement, ni le surlendemain d'ailleurs. Attends, en plus il allaite, faut pas charrier. Cela dit, sa femme est super patiente : elle le touche plus depuis six mois. Oui, la grossesse, ça la dégoûte, on peut comprendre, mais elle lui a dit : « *Je veux bien attendre un mois que t'aies repris ton corps d'avant.* »

Bon, et ce qui est sympa, c'est qu'elle prend trois jours de congé pour l'aider. Sur trois mois de congé paternité, c'est peu, mais faut bien qu'il y en ait un des deux qui bosse, quand même.

ACCROBRANCHE ET DÉMOULAGE

Un jour, enfin, arrive le moment de l'accouchement, dont une partie est fort justement nommée « la délivrance ».

Pour être franche, j'aurais préféré ne pas devoir accoucher dans la position dite du « poulet rôti cru ».

Peut-on rappeler qu'à ce stade, il s'agit de faire sortir un être humain de notre corps, et que notre corps est organisé pour ça ? Donc, nous mettre dans une position qui nous empêche de garder la maîtrise du processus, c'est comme ordonner à Mike Tyson de boxer sur les genoux avec les mains dans le dos.

Accouchement et sens pratique

« Non, laissez Madame, nous savons mieux faire que vous...

– Oui, bien sûr, mais vous faites quoi avec cette paire de ciseaux ?... Oui, j'ai conscience que vous voyez mieux comme ça, mais moi je serais plus confort pour accoucher autrement... Vous avez déjà essayé de retourner une poule pendant qu'elle pond ? Imbéciles !... C'est bête, vous me direz, mais c'est MON corps et j'ai encore plus envie que vous de voir mon enfant naître en bonne santé. DONC, LÂCHEZ-MOI LA GRAPPE ET AIDEZ-MOI AU LIEU DE M'ENTRAVER ! »

Ça, c'est que ce que j'aurais adoré pouvoir dire avec toute la fermeté et la douceur qui me caractérisent, sauf qu'entre la douleur, l'anesthésiste qui dit « *J'ai pas que vous !* » l'infirmière qui gueule « *Vous plaignez pas, vous êtes cinq ce soir !* » et l'immense envie d'en finir, j'ai fermé mon bec en espérant juste sortir de là en un seul morceau[1].

Après une paralysie complète des deux jambes, pour cause de péridurale mal posée, cinq ou six quasi-pertes de conscience en poussant ; après avoir envoyé bouler le médecin quand il a envisagé la césarienne, une épisiotomie de garçon boucher myope et l'usage des forceps, j'ai vu naître mon premier en-

1. Enfin, en deux, si on additionne mon enfant.

fant. On me l'a posé sur le ventre, j'ai été émue, attendrie, j'ai pleuré, puis je l'ai refilé à son père et au terme de ces neuf mois de grossesse et neuf heures de travail, j'ai vomi.

LE BRUIT ET L'ODEUR

Après la naissance, à tous les gens que j'accueillais chez moi et qui arrivaient la gueule enfarinée, avec des fleurs et des peluches, en me félicitant, je répondais : « *Bienvenue dans la maison du caca et du lait.* »

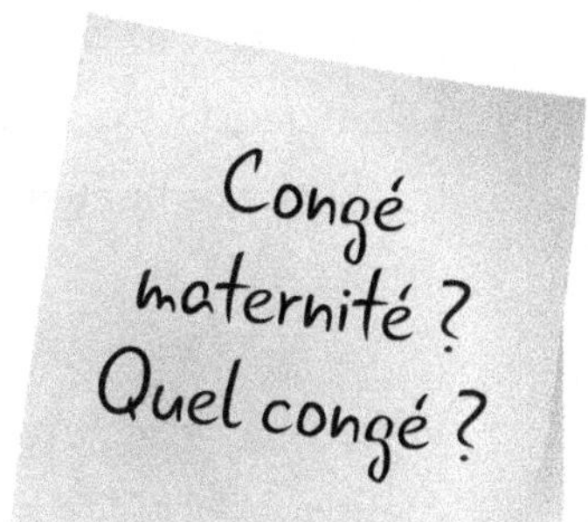

J'aurais pu payer ces gens pour qu'ils restent chez moi, s'occupent de tout et me laissent prendre un bain chaud avec un bon bouquin. J'aurais fait n'importe quoi. Je ne crois pas, en fait, qu'il y ait un passage aussi mal nommé dans la vie que ce « congé » maternité.

Dans cette expression, ce n'est que le point de vue de l'employeur qui s'exprime – et on se demande bien ce qu'il vient faire là. Ce n'est certainement pas celui d'une femme qui vient de démouler. Je propose d'ailleurs de rebaptiser cette période : « *Martine n'est pas là ? Non elle fait son service maternité. Oh quel courage !* »

Je n'ai jamais eu l'impression d'être aussi peu en congé qu'à cette époque. Je n'ai même jamais eu autant l'impression d'être réduite en esclavage.
Quand votre vie consiste à donner une partie de votre corps pour assurer la survie d'un autre être humain et qu'il n'y a aucune certitude de pause, de temps pour se laver, manger ou aller aux toilettes et qu'on ne vous paye pas, vous appelez ça comment ?

Par ailleurs arrêtons-nous un instant pour considérer le nouveau-né avec objectivité : un bébé c'est un voisin dépressif et alcoolique qui s'installe chez vous. Ça dort, ça boit, ça gueule, ça sourit éventuellement, mais sans raison, et ça sent vraiment très fort.

« *Non, mais c'est trop mignon, les bébés !* » Mais, heureusement que les bébés sont mignons ! C'est ce qui leur sauve la vie ! Si en plus ils étaient repoussants...

Pourquoi les bébés sont mignons

Les bébés sont mignons parce qu'en proportion de leur visage, leurs yeux sont énormes. Comme dans les dessins animés japonais. C'est physiologique, nos yeux ont pratiquement leur taille adulte même quand on est bébé. Au contraire du nez et des oreilles, qui, eux, poussent encore jusqu'à la fin. C'est d'ailleurs pour ça qu'on devient moche en vieillissant, à de rares exceptions près. Grandes oreilles, gros pifs et yeux qui disparaissent. C'est déprimant, hein ? Et ça, aucune crème n'y fera jamais rien.

Oui, j'avoue, moi aussi je les trouve attendrissants. C'est petit, c'est vulnérable, on a peur de les casser avec nos mains, on se fait mal au bras à leur tenir la tête. J'aime leur regard de : « *Qu'est ce que tu fabriques, c'est si difficile que ça, de faire un biberon ?* » J'imagine tout ce qu'ils se disent et je parle à leur place : « *Vas-y, maman, fait péter la couche... Attention, je vais te faire dessus si tu continues à poser ta main sur ma vessie... Trois... Deux... Ah. Raté. La prochaine fois, je te pisse sur le chemisier.* »

Oui, c'est adorable, un bébé, notamment quand ça dort. Le reste du temps, je trouve que le bébé est une invention monstrueuse et perverse.

Entendons-nous bien : je ne déteste pas les bébés, je les adore, même. Mais je ne veux pas vivre avec eux. J'aime les bébés propres, souriants, silencieux et qui ont déjà mangé. Bref, j'aime les bébés des autres.

NOURRIR UN ÊTRE HUMAIN AVEC SES SEINS

Pendant « le service maternité », les commentaires débiles et les questions indiscrètes continuent : « *Oh, qu'il est mignon ! Il vous ressemble, hein…* » Non, soyons honnêtes, un bébé qui vient de naître, ça ne ressemble à personne, ou alors à Phil Collins…

Et nouvelle question au palmarès : « *Tu vas le nourrir ?*[1] », cette interrogation qui veut dire en réalité : « *Est-ce que tu vas le nourrir avec tes seins ?* » Parce qu'aux yeux de beaucoup, si vous ne nourrissez pas votre enfant avec votre propre production, vous le nourrissez MAL.

---

1. « *Non, j'envisageais de le laisser crever de faim, pour voir…* »

La vache qui rit pas

Saviez que les hommes aussi pourraient allaiter, s'ils le voulaient[2] ? Ils sont capables de produire du lait ! Ils ont tout l'attirail, les organes et les hormones pour, et cependant… c'est à nous qu'on fait une pendule à 13 coups si on a le malheur de filer à notre progéniture un biberon de lait produit par une vache qui n'est pas nous.

Bref, l'allaitement donne lieu à des : « *T'aimes ça ? Moi j'ai adoré ça !* »
Et là, de nouveau, j'ai une image de l'épicière en plein orgasme maternel.

Mais puisque tout le monde le fait, j'allaite. Évidemment, ça me plaît autant que d'être enceinte, c'est-à-dire pas du tout. J'ai l'impression très nette d'être une vache, une vraie ; avec des seins monstrueux, prêts à exploser si mon enfant ne me trait pas à l'heure dite.

Honnêtement, je ne ressens aucune joie ni aucune fierté à nourrir mon bébé avec ma propre production. Je passe mes journées en tee-shirt couvert de taches douteuses et odo-

---

2. www.famili.fr/,le-saviez-vous-les-hommes-peuvent-allaiter

rantes, à me demander si, oui ou non, cet enfant qui n'arrête pas de brailler a assez mangé. En plus, j'ai les cheveux sales.

Je ne trouve même pas pratique de « ne pas avoir de biberon à préparer » : c'est sûr, au lien de laver un biberon, je dois changer de tee-shirt, tellement plus simple... Non.

Ainsi, deux mois et demi après l'accouchement, en larmes, j'appelle mon mari à son bureau vers 15 heures, en hurlant : « *Je n'arrive pas à sortir pour faire les courses, il faut que tu rentres garder le bébé ! !* »
Non, au bout de deux mois et demi, je n'arrive toujours pas à sortir de chez moi, parce que c'est :

- soit l'heure de cette maudite tétée qui dure des heures[3],
- l'heure de changer le bébé,
- l'heure de le laver,
- l'heure de le cajoler pour qu'il s'endorme et, dix minutes plus tard, à nouveau l'heure de la tétée,
- et ainsi de suite...

---

3. Parce que, contrairement au four à micro-ondes, le bébé ne sonne pas quand il a fini.

Récemment, j'ai retrouvé le carnet sur lequel je notais l'ensemble des étapes de remplissage et de vidange de je ne sais plus lequel de mes trois enfants. C'est dire la richesse et l'intérêt de mon emploi du temps de l'époque.

Bref, ce jour-là, je réalise une chose essentielle : si on ne prend pas le contrôle sur l'enfant, c'est lui qui le fait… Au final, je mets la créature dans le porte-bébé, avec mon petit doigt dans la bouche pour la calmer et je traverse la rue pour acheter trois semaines de pizzas.
Je réalise aussi que je pourrais payer pour retourner au bureau immédiatement et pour que ce soit mon mari qui prenne le relais.

Après cet épisode, j'arrête l'allaitement et je passe les semaines suivantes à me traire dans la baignoire en gueulant comme un putois.

DE L'ARTISANAT À LA PRODUCTION DE MASSE

Compte tenu de ce qui précède, vous me demanderez naturellement : « *Mais si c'était si horrible, pourquoi en avoir fait trois ?* » Ce qui m'amène à me poser la question suivante : pourquoi re- fait on des enfants ?

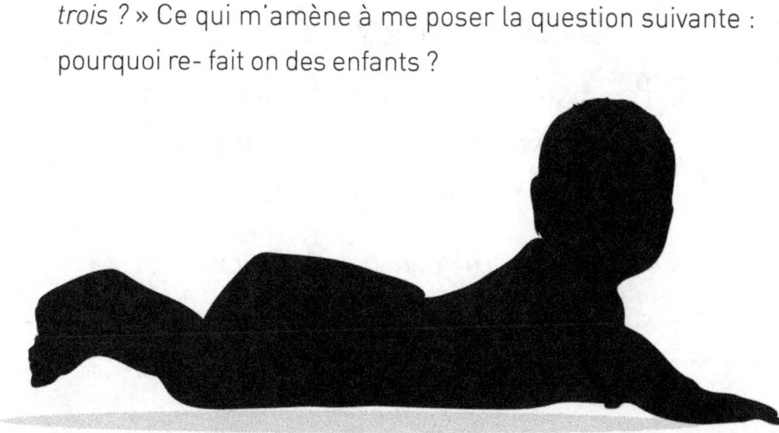

Top 10 des raisons pour lesquelles on refait des enfants

1. Pour ne pas laisser l'aîné tout seul.

2. Pour que l'aîné torture quelqu'un d'autre que nous.

3. Parce qu'un seul enfant, ça fait radin égoïste : on a beau être des héros d'en avoir fait un, comme on n'en a « qu'un », justement, on n'a pas encore gagné le droit de se plaindre, vu que tout le monde en a eu au moins deux.

4. Parce qu'« un bébé quand même, c'est trop mignon ».

5. Parce qu'on a un garçon et qu'on voudrait avoir aussi une fille, ou l'inverse, pour « voir la différence ».

6. Pour que chacun ait le sien.

7. Parce que les autres le font, alors nous, on va bien y arriver.

8. Pour faire taire nos parents qui, depuis la naissance du premier, nous disent : « Et le prochain, c'est pour quand ? Faudrait s'y remettre ! »

9. Par amour de la déformation physique et mentale

10. Les hormones.

Cette question se pose d'autant mieux que j'ai « enchaîné » les grossesses. Trois enfants en cinq ans. Autant dire enceinte pendant cinq ans. Tant qu'à y être.

Dire que j'ai enchaîné les grossesses est donc abusif : ce sont définitivement les grossesses qui m'ont enchaînée.

SPLENDEURS, MISÈRES ET TRUCS DE MÈRES INDIGNES

CE QUE JE PENSAIS DE LA MATERNITÉ AVANT D'ÊTRE MÈRE

Faire des enfants c'est un acte conscient et raisonné. Après tout, on a le choix.

Je ferais bien quatre enfants parce que j'aime bien les chiffres pairs et les grandes tables.

On fait des enfants en fonction de ses moyens financiers. On fait pas des enfants si on peut pas les assumer.

Je serai une mère hyper-patiente, avec toute l'expérience que j'ai déjà.

Les enfants, ça s'élève à deux : lui et moi, on sera à égalité dans le temps qu'on leur consacre et on ne se contredira jamais devant eux.

Hors de question de se laisser bouffer la vie de couple par les enfants, la libido passe avant.

Le quotidien avec les enfants, c'est gérable, faut juste savoir l'organiser et rester ferme.

Pas question que les enfants se vautrent devant la télé pendant que je turbine dans la cuisine. Tout le monde aide.

Si j'ai une famille nombreuse c'est cool, les grands s'occuperont des petits.

Moi, avec les enfants, je privilégierai les temps de qualité.

Pas de télé, pas d'ordi, des livres et des musées.

Je sais parfaitement dire non à un enfant et m'y tenir.

Bullshit.

(Caca de vache, en français.)

Voici ma réalité :

Faire des enfants c'est un acte conscient et raisonné. Après tout, on a le choix.

Non. Tant qu'on n'est pas parent, cette réalité est impossible à anticiper, c'est comme ça. Il faut le voir pour le croire et encore, ça n'empêche même pas de recommencer.

Je ferais bien quatre enfants parce que j'aime bien les chiffres pairs et les grandes tables.

J'aime toujours, mais moins, attendu qu'on ne vit pas dans une pub pour les séjours à la montagne, où les enfants sont nombreux, propres et souriants du matin au soir. Le marketing de la procréation est un truc honteux.

On fait des enfants en fonction de ses moyens financiers. On fait pas des enfants si on peut pas les assumer.

Oui, si on est quelqu'un de rationnel et cartésien. Moi non.

Je serai une mère hyper-patiente, avec toute l'expérience que j'ai déjà.

Ha ha ha !! Mon expérience ne m'a apporté aucune patience, vu que tous les enfants sont différents parce que ce sont des organismes vivants. Ce que j'ai appris avec les uns ne m'aide donc absolument pas à gérer les autres.

Les enfants, ça s'élève à deux : lui et moi, on sera à égalité dans le temps qu'on leur consacre et on ne se contredira jamais devant eux.

Méga LOL. Je l'ai pensé et j'ai cherché à le mettre en application du temps de mon mariage. L'obstacle majeur est que, n'ayant jamais pu prendre le contrôle du cerveau du géniteur de mes enfants, je n'ai pas pu y implanter la puce du « *même quand tu es au bureau, demande-toi si tout le monde est bien en sécurité là où il est* ».

Sur la question de « *se contredire* », à moins de terroriser son conjoint, je ne vois pas comment l'empêcher de penser par lui-même. C'est bien dommage.

Hors de question de se laisser bouffer la vie de couple par les enfants, la libido passe avant.

Il y a des gens qui vivent les moments d'intimité à deux comme un ressourcement, moi je les vis comme un moment où je dois encore donner quelque chose et, franchement, je n'en peux plus. Devant mes trois enfants en bas âge, ma libido a claqué la porte en disant : « *Je pars acheter des clopes* » et elle n'est jamais revenue.

Le quotidien avec les enfants, c'est gérable, faut juste savoir l'organiser et rester ferme.

Voilà, il faut savoir l'organiser. Mais pour organiser, il faut de l'énergie, et moi, de l'énergie, je n'en ai même plus assez pour ça, alors bon, pour ce qui est du « *rester ferme* », j'en suis à : « *Si je lâche prise, sont-ils encore en bonne santé physique et psychique et en sécurité ?* » Si la réponse est oui, je lâche.

Pas question que les enfants se vautrent devant la télé pendant que je turbine dans la cuisine. Tout le monde aide.

En fait, comme la volonté de déléguer se heurte à une obstruction massive et à une lenteur d'exécution exaspérante, il est, en effet, plus rapide de faire soi-même – ou de ne pas faire du tout, remarquez.

Si j'ai une famille nombreuse c'est cool, les grands s'occuperont des petits.

Raté. Les grands ont une appétence très modérée pour le baby-sitting non rémunéré.

Moi, avec les enfants, je privilégierai les temps de qualité.

La principale difficulté est de les trouver, les temps de qualité en question, vu que la majeure partie de mon temps consiste à leur donner des ordres et à trouver des stratégies sioux pour qu'ils y obéissent.

Pas de télé, pas d'ordi, des livres et des musées.

Je vous jure, j'ai essayé, mais c'est épuisant.

Par ailleurs, la parentalité peut se révéler une longue suite de déceptions, parfois inattendues.

Top 10 des déceptions parentales

1 – Mon bébé ressemble à une paupiette.

2 – Mon bébé pleure comme un fou, s'arrête subitement, sans raison, et recommence de même – et il est trop jeune pour être schizophrène.

3 – Mon enfant est un peu plus con que prévu. « Le trou de la cagoule, c'est côté visage qu'il faut le mettre, mon chéri… »

4 – Mon enfant dit des choses comme « Les noirs, ils sentent pas bon », de préférence en public et au milieu d'un silence. – Personnellement, la dernière fois, je l'ai dénoncé à la LICRA.

5 – Devant un écran, mon enfant a le sens critique d'une méduse : un organisme vivant, MAIS sans cerveau.

6 – Mon enfant n'a pas bon cœur.
« Je le déteste, Théo !
– Mais pourquoi mon chéri ?
– Parce qu'il est pauvre. »
#LaHonte

7 – Mon enfant est un sale petit manipulateur.
Pleurant de désespoir : « Mamaaaaan,
j'ai trop mal à la tête, je peux pas aller
à l'école. » Une heure plus tard :
« Maman, ça va mieux, je peux avoir
la tablette ? »
#SatanSorsDeCeCorps

8 – Mon enfant n'a aucun don pour la musique.
« SAAAAPÉ COMME JAMAIS !!
C'EST MA CHANSON PRÉFÉRÉE !! »

9 – Mon enfant n'a aucun sens esthétique.
« MAIIIIS POURQUOI JE PEUX PAS METTRE
LE MAILLOT DE BAIN VERT FLUO
SUR MON PANTALON ROUGE ?!! »

10 – Mon enfant ne m'adule pas au point de m'obéir systématiquement.

MAMAN CYRILLUS VIT DANS UN SHOWROOM IKEA

« Mère de trois enfants et belle-mère de deux, j'ai fini par prendre conscience que, malgré toute ma bonne volonté, je n'arriverai jamais à être une mère exemplaire…
L'optimisme m'ayant toujours portée, j'ai décidé de faire de cet échec une réussite et d'assumer ma condition de mère déplorable en portant haut mes incompétences de mère indigne. »
Ça, c'est la version officielle.

Mère parfaite ou rien

La version officieuse, c'est que je suis incapable de faire mieux. Pour être franche, au démarrage je me suis dit : « *C'est mère parfaite ou rien.* » De fait, c'est « *rien* ».

En termes de vie domestique, mes attentes sont aussi proches de ma réalité que Strasbourg l'est de la Patagonie.

Oui, je l'avoue humblement, je rêve encore d'une vie domestique à mi-chemin entre une brochure Cyrillus et un catalogue Ikea.
Concrètement, mon monde idéal serait un appartement constamment ordonné, dans lequel ma famille ne s'ingénierait pas à semer l'ensemble de ses affaires dans toutes les pièces[1].

Dans mon monde idéal, les enfants se réveilleraient le matin en disant : « *Une place pour chaque chose et chaque chose à sa place.* » Non, mieux : ils le penseraient, mais ils ne le diraient pas !

Dans ce monde de rêve, ils seraient auto-nettoyants, à savoir que je n'aurais pas besoin d'arbitrer « qui doit aller à la

---

1. Mari compris.

douche en premier » – question à côté de laquelle la guerre en Syrie est un jeu de chat perché qui a dégénéré.

Dans ce monde idéal, je serais moi même une femme « du matin », debout à six heures « *pour pouvoir faire mon yoga avant qu'ils se lèvent* », douchée, habillée et soignée, réveillant ses enfants avec le sourire et la bouche fraîche.

Mais je n'y arrive pas.

Essentiellement, parce que je suis incapable de me discipliner, comme ces gens qui parviennent à faire manger leurs enfants à heures fixes, quel que soit leur âge. Cette capacité d'organisation, de détermination et de discipline me fascine chez les autres, mais force est de constater que mes enfants ont six, huit et dix ans et que je n'y arrive toujours pas.
De même, je suis incapable de conserver le sourire et les apparences en habillant ma progéniture (et moi-même) avec des vêtements propres et assortis.

Pourquoi ? Je cherche encore.

Chaque fois que je tente de mettre en place un emploi du temps pour moi même, je n'ai de cesse de le bouleverser.

11h30 – « *Ah, il faut que je démarre le déjeuner des enfants.* » Je vais dans la salle de bain me laver les mains, et là :

11h32 – « *Oh, mais elle est dégoûtante cette paroi de douche. Tiens, je vais essayer le vinaigre blanc, il paraît que c'est génial !* »
11h45 – « *J'ai pas dû en mettre assez... En fait, il me manque une raclette pour nettoyer.* »
Je cherche une raclette.
11h58 – « *Rhaaaaa, pas de raclette dans cette maison, pourtant je suis sûre d'en avoir acheté une !!!* »
Je descend à la cave, vide et trie deux ans de « *oui mets-le à la cave, je m'en occupe demain...* »
12h55 – « *Ah bah, la voilà ma raclette !!* »

Total, mes enfants ont déjeuné à 15h00.

Le mieux que je puisse faire pour accomplir mon rêve de perfection, c'est de :

- créer des emplacements de rangements pas trop contraignants pour entasser les affaires jusqu'à ce que ce soit plein,
- dire en boucle et sans respirer « *mettez vos chaussures dans le bac à chaussures, accrochez vos manteaux dans vos armoires et mettez vos sacs dans votre chambre* » pour conclure une heure plus tard : « *Mais sortez vos trucs de mon salon/ma salle de bain bordel !* »,

- afficher un tableau Excel avec les tours de douche répartis sur la semaine,
- me lever échevelée, comateuse et les yeux collés à 7 h 15, les embrasser avec une haleine rauque en leur disant : « *Pitié, levez-vous, je vais encore me faire gronder par la gardienne de l'école...* »

J'en suis arrivée à un tel point de retard le matin, que la première fois où j'ai été en avance, j'ai chopé ladite gardienne et entamé une danse de la joie devant les enfants en chantant : « *On est en avaaaance, on est en avaaaanceee !* » Consternante jusqu'au bout.

C'est donc en conscience que j'ai cessé de m'épuiser à essayer : à présent, je fais ce que je peux. Hélas, je peux peu.

LA FEMME LA PLUS EN RETARD DU MONDE

Truc de mère indigne #1

« Sortir en soirée, dire à la nounou : "*Vous nous appelez quand vous voulez*". Laisser le téléphone dans la voiture. »

J'ai commencé ma carrière de mère indigne par une série de maladresses, oublis, crises de nerfs et autres bévues qu'il m'est assez difficile d'assumer publiquement.

J'ai vécu mes premières gaffes comme des catastrophes ; les suivantes comme des constats d'échec ; celles d'après donnaient lieu à un simple « PFFF » mental ; puis, vous savez ce que c'est, je me suis habituée.

Mon rapport au temps, par exemple, constitue l'une de mes tares majeures... C'est bien simple, lorsque je suis à l'heure à un rendez-vous, la Tour Eiffel fait une ola et l'inventeur de la montre un salto dans sa tombe.

Je supporte avec beaucoup de difficulté d'être enfermée dans un horaire et je me retrouve parfaitement dans le proverbe suivant : « *Vous avez la montre, nous avons le temps.* »

« Vous avez la montre, nous avons le temps. »

Curieusement, la directrice de la crèche, celle de l'école, le directeur du conservatoire, celui du centre de loisirs et la société dans son ensemble goûtent assez peu cette logique, pourtant si poétique.

Ce rapport un peu particulier au temps est probablement une référence du genre pour les bonobos, mais pas pour les humains vivant en Occident. En conséquence de quoi :

- Un jour de juin, je me suis pointée à 14 heures avec mes enfants surexcités pour la kermesse de l'école, programmée de 10 à 13.
- Je leur ai déjà dit : « *Mettez vous devant la télé cinq minutes, je prépare le petit-dèj* »... pour me réveiller en sursaut deux heures plus tard.
- Pour les deux ans de ma fille, j'ai mis trois bougies sur son gâteau.
- Régulièrement, à 20 heures, je dis à mes enfants : « *Attendez-moi dans vos chambres, dans cinq minutes je viens vous coucher.* » Je pars faire une lessive et j'en oublie de les coucher, bien sûr.

Mon meilleur agenda, au fond, c'est ma fille de huit ans : elle me harcèle jusqu'à ce que je fasse ce qu'elle veut, quand elle veut. Et ça marche.

Cela étant, nonobstant mon appétence naturelle pour le retard, je constate qu'il est encore plus difficile d'être à l'heure lorsqu'on est muni.e d'enfants.

Top 10 des raisons pour lesquelles il est difficile d'être à l'heure quand on a un/des enfant.s

1 – L'enfant se fout éperdument d'être à l'heure et prend 15 minutes pour enfiler une chaussette. « Naaaaaan, mais la couture elle me fait maaaaal !!! »

2 – L'enfant a tout à coup un besoin pathologique d'être à l'heure et nous stresse avec son stress : « (En larmes et hurlant) ON VAAA ÊÊÊTRE EN RETAAARD À L'ÉCOOLE !!! »

3 – L'enfant ne sait pas mettre ses chaussures tout(e) seul(e), mais insiste pour le faire : « NAAAAAN, TU ME LAIIIISSES !!! »

4 – L'enfant pose des questions qui n'ont rien à voir avec l'objet du déplacement et refuse de bouger tant qu'on n'y a pas répondu : « Pourquoi il pleut ? »

5 – L'enfant nous déconcentre pendant les préparatifs du départ, du coup on oublie des trucs et on doit repartir chercher ce qui manque.

6 – L'enfant tombe la tête la première dans les escaliers une minute avant le départ.

7 – L'enfant vomit sur le pas de la porte.

8 – L'enfant refuse de mettre un pull sur sa robe d'été alors qu'il fait moins trois.

9 – L'enfant se roule par terre dans l'entrée parce qu'il voulait encore des chocatruc.

10 – L'enfant a envie de faire pipi alors qu'on vient de passer 15 minutes à le couvrir chaudement. On le déshabille. Dans l'intervalle, il s'est fait dessus.

MAMAN EST UN SMARTPHONE EN FIN DE COURSE

Tout comme ma gestion du temps, la gestion de mon énergie est totalement inadaptée aux besoins réels d'un enfant.

Concrètement, je suis un smartphone. Je peux faire mille trucs en même temps : travailler sur ce livre, consulter face-

book, faire les devoirs avec les enfants, lire twitter en préparant le dîner... En revanche, je me vide très vite et il me faut neuf heures pour me recharger.
En bref, je peux donner beaucoup d'énergie, mais sur un temps très court. L'inverse de ce qu'il faut pour pratiquer l'élevage d'enfants : moi, je suis une sprinteuse, alors que c'est un marathon. Je suis d'une efficacité redoutable au dernier moment, alors qu'il faut passer sa vie à anticiper...

Je l'admets, je suis à la ramasse. Régulièrement.
Du coup, quand je débarque à l'entrée de la salle de spectacle et qu'on me dit : « *Pour le spectacle de fin d'année, demandez vos places à Sophie...* » Moi je réponds, candide : « *C'est qui, Sophie ?*
– La professeure de danse de votre fille depuis un an. »

Bien sûr que je me suis déjà demandé si j'étais « faite » pour avoir des enfants. Je ne sais toujours pas, même si je m'étonne chaque jour d'arriver à survivre psychiquement et physiquement à cette situation.
Je crois que la clé de la sagesse est dans l'acceptation : maintenant que je les ai, je fais avec, mais je n'en pense pas moins.

Top 10 des pensées interdites

1 – Je devrais être payée
pour changer cette couche.

2 – Elle a trois ans, je ne la supporte déjà plus.
Pourvu qu'elle ne fasse pas d'études longues.

3 – Merde il est moche. Ça va pas être facile
à l'école.

4 – Purée, elle est quand même pas fute-fute,
ma fille. Elle a pas inventé la cuillère à soupe.

5 – J'ai tellement envie de m'enfuir…
Je dis rien à personne et je disparais, là,
tout de suite.

6 – J'espère qu'ils vont m'entretenir quand
je serai vieille, quand je vois tout ce que je fais
pour eux.

7 – Quand leur père mourra, je boufferai tout l'héritage, ils me doivent bien ça.

8 – Ils n'ont pas intérêt à me coller en maison de retraite sinon je fais hériter mon chien.

9 – Ils ont huit et dix ans. À partir de quel âge ils peuvent quitter la maison ?

10 – Je vais les jeter par la fenêtre – il faut impérativement que je sorte de cette pièce avant de le faire. « Les enfants, Maman va faire pipi ! »

L'ÉCOLE DES ENFANTS ET MOI

Ayant moi-même conservé des souvenirs précis de situations très désagréables à l'école, ma priorité est claire : éviter les emmerdements à mes enfants, sans pour autant me pourrir la vie.

Initialement, mon mental de maman Cyrillus me dictait d'être présente à toutes les entrées et sorties de mes bourgeons pour échanger régulièrement avec leurs enseignants et « *suivre les progrès dans les apprentissages* », de me présenter aux élections pour « *m'impliquer dans la vie de l'école* », de repérer les « *bons/bonnes* » enseignant(e)s qui ne manqueraient pas de préparer mes génies à entrer dans le bon collège, puis le bon lycée, ceci afin d'intégrer les meilleures écoles pour enfin décrocher les jobs épanouissants et rémunérateurs qui m'assureraient une retraite pleine de fierté et de félicité filiale – reprenez votre souffle, la phrase est finie.

C'est en perdant le cahier d'activités de petite section huit jours après la rentrée que je me suis dit qu'il fallait revoir mes exigences à la baisse. Je me suis donc résolue à faire uniquement ce dont j'étais capable, à savoir :

- assurer occasionnellement et au dernier moment l'accompagnement de sorties scolaires en maternelle[1],
- acheter des tubes de colle à prix d'or chez l'épicier en bas de chez moi – parce que mes enfants sont aussi bien organisés que leur mère,
- rencontrer les enseignants au moins une fois chacun avant la fin du premier trimestre, histoire de montrer que, bon, j'ai pas l'air, mais je suis là quand même,
- faire des contrôles-surprise du cahier de texte pour ne pas me faire truander trop souvent quand mes enfants me disent : « *Non, non, j'ai pas de devoirs* »,

1. J'ai arrêté le jour où je me suis retrouvée la tête en bas à la sortie « cirque » de ma dernière fille.

- choper les petites brutes qui les embêtent à l'école et leur dire entre les dents : « *Tu ne me connais pas, tu ne sais pas ce que je peux te faire si tu t'approches encore une seule fois de mon gamin...*[2] »,
- enseigner des rudiments de krav maga à mes enfants pour qu'ils puissent se faire respecter dans la cour de récré,
- emmerder les vrais parents d'élèves impliqués pour savoir si « *finalement, le collège à côté de l'école primaire il est bien ou pas ?* » et me sentir complètement perdue quand on me répond : « *Ben c'était bien, mais le super proviseur est parti et la nouvelle est pas terrible...* »

Je conserve, en revanche, une admiration sans limites pour les parents qui arrivent à :

- héberger le lapin de la classe pendant un week-end et à le ramener en vie,
- faire l'album photo des vacances pour le présenter à la classe à la rentrée,

2. Avec la tête d'Al Pacino dans *Scarface*.

- faire faire des cookies à une classe de grande section de maternelle,
- accompagner la sortie « faune et flore en forêt de Rambouillet » avec les CM2, tout en prenant des photos ravissantes qui sont sur le blog de la classe qu'ils ont créé en cinq minutes parce que « *non, vraiment, ça prend cinq minutes* ».

Je trouve très réconfortant que vous existiez, vraiment.

LES SEPT MATIÈRES QUE J'AIMERAIS QU'ON ENSEIGNE À L'ÉCOLE DES PARENTS

PHILOSOPHIE - Sujets :

La patience : la patience a-t-elle des limites et si oui, lesquelles ?

La colère : y a t il de justes colères et si oui, lesquelles ?

La force : la force intérieure existe-t-elle et si oui, où est-elle cachée ?

EPS :

Cardio-training : courir après un enfant de deux ans.

Tonification spécifique des bras : porter deux enfants tout en faisant les courses.

Entraînement à la lutte : sortir un adolescent du canapé malgré lui.

HISTOIRE : étude généalogique des rapports parents-enfants dans la famille sur trois générations.

GÉOGRAPHIE : comment localiser un enfant perdu dans la rue/un parc/une galerie marchande...

MUSIQUE : qu'écoutent-ils et pourquoi ?

DESSIN : créer des pictogrammes pour leur faire comprendre enfin ce qu'on leur dit.

LANGUES VIVANTES : étude approfondie du dictionnaire Borborygme-Français, avec un focus sur les expressions : HEIIIIIIN ?! OUAIIIIIS ! MMMMHHH ! et PFFFFFF...

Comme beaucoup de parents, je me suis mise à m'auto-qualifier de « mère indigne ». Pour moi-même, d'abord, et aussi comme panneau d'avertissement à l'usage des gens qui se trouvent géniaux et seraient tentés de me juger.

Ce cours exposera dans un premier
temps la définition de notions génériques
indispensables tel que « mère indigne » et
« burn out parental »,

puis s'articulera par niveau, de façon à
permettre une progression harmonieuse et
bienveillante de l'étudiant.e.

Si un niveau de parentalité indigne vous
semble difficile à atteindre, ne vous inquiétez
pas, reprenez au niveau précédent et
progressez à votre rythme.

MÈRE INDIGNE : DÉFINITION

(AVEC D'AUTHENTIQUES MORCEAUX DE CULPABILITÉ FRAÎCHE À L'INTÉRIEUR)

Entendons-nous bien sur l'expression « mère indigne », celle que le parler populaire a consacrée. « Mère indigne » est pour moi la formule générique : dès lors que vous éprouvez de la culpabilité concernant l'éducation de vos enfants, que vous soyez une femme ou un homme, vous êtes une mère indigne.

Se qualifier soi-même ainsi est un aveu de culpabilité : la prise de conscience qu'on attend autre chose de nous et que nous sommes fautif.s/fautive.s de ne pas y arriver. Or, je constate avec désespoir que cette accusation de « faute », en matière d'élevage de mineurs, est essentiellement tournée vers les femmes.

La question en suspens étant : les pères sont ils vus comme également fautifs mais non coupables ou comme intrinsèquement innocents ?
Vous avez quatre heures.

Je vous propose donc la définition suivante :

« Mère indigne » est une expression désignant un parent de n'importe quel sexe, genre ou espèce, doté d'un sens de la survie acquis ou inné et qui, ayant constaté l'impossibilité de faire le bonheur d'un autre être humain malgré lui, se contente d'assurer le sien propre, ce qui le rapproche fortement du chat.

La mère indigne suit les règles universelles de la parentalité qui fait ce qu'elle peut, règles qu'elle se fait un plaisir de détourner, d'adapter voire de contrarier, en vue d'assurer sa satisfaction personnelle et en espérant trouver l'énergie de garder en vie sa descendance jusqu'à la majorité.

Je ne désespère pas de faire valider, un jour, cette définition par l'Académie française.

POINT TRYPHON TOURNESOL

En tant que « parent qui fait ce qu'il peut et qui peut peu » je me suis souvent surprise à imaginer des objets du quotidien qui seraient réellement utiles et adaptés à ma situation : un casque antibruit avec répercuteur de son, une cape d'invisibilité, une télécommande à enfants...

Malheureusement, il est évident que personne ne mettra jamais d'argent pour développer ces idées brillantes, étant entendu que TOUT LE MONDE se moque éperdument de nos ennuis puisque « *ben t'as qu'à t'organiser c'est une question de volonté* ».

Afin que ces projets innovants, qui sont à même de sauver une partie de l'humanité, ne disparaissent pas, je les pose çà et là dans ce livre, sous forme de publicité pour agrémenter votre lecture.

Si une ingénieure ou un savant fou est intéressé.e, qu'il.elle n'hésite pas à m'écrire.

Pub de mère indigne#1

Le casque antibruit avec répercuteur de son

Marre d'entendre vos enfants se disputer, poser des questions, ou simplement parler ?

Ce casque anti bruit avec répercuteur de son est fait pour vous !

Non seulement il vous empêche d'entendre leurs questions, ce qui vous dispense d'y répondre, mais surtout, il répète tout ce que vos enfants profèrent, ce qui les éduque à cesser de parler pour ne rien dire !

Le casque Moore, c'est la solution à votre problème d'épuisement auditif !

LE BURN OUT PARENTAL : UNE MALADIE PAS DU TOUT ORPHELINE

#C'estNerveux
« Maman, pourquoi des fois quand on pleure toi tu rigoles ? »

Parlons de ce qui fâche : l'envie de tout laisser tomber, de s'enfuir loin, voire de se pendre à l'aide d'une corde composée de chaussettes toutes seules.

Si ces idées vous traversent l'esprit deux fois par an, c'est tout à fait ordinaire, deux fois par mois c'est assez normal, deux fois par semaine, commencez à vous y intéresser. À partir de deux fois par jour, attention : vous êtes peut-être en train de faire un burn out parental.

Burn out parental [Définition]

n.c. Syndrome d'épuisement personnel lié à la vie familiale et aux emmerdements qu'elle génère.
Se développe généralement au contact des enfants, mais peut également se déclarer au contact de ses propres parents.

Conséquences possibles : abandon de famille, dépression sévère avec syndrome de la Tourette, combustion spontanée sous l'effet de l'exaspération.

Syn. : « *Je peux plus vous supporter, je me casse.* »

RISQUEZ-VOUS LE BURN-OUT PARENTAL ?

Faites le test Moore !

Cocher la ou les réponses qui vous correspondent le mieux. (Sinon, contentez-vous de lire ce test, c'est rigolo aussi.)

1. Dans votre vie il y a :

- ❑ a. un/des boulots
- ❑ b. un/des enfants
- ❑ c. un/des conjoints
- ❑ d. un/des parents
- ❑ e. un/des ex
- ❑ f. un/des animaux de compagnie (si oui, cocher les réponses a, d)
- ❑ g. des animaux sauvages (si oui, cocher les réponses b, c, e)

2. Les enfants, c'est :

- ❑ a. la pire invention divine depuis la création des intestins
- ❑ b. un enchantement de chaque jour[1]

1. Hypocrite, pourquoi tu lis ce test ?

- ❑ c. très pratique pour emmerder votre conjoint très longtemps
- ❑ d. une pratique SM très évoluée et beaucoup trop répandue

3. Les parents parfaits, c'est :

- ❑ a. des OPNI (Objet Parental Non Identifié)
- ❑ b. des gens dangereux (pour votre moral)
- ❑ c. vos voisins, ils vivent dans un musée
- ❑ d. vos parents – désolée, vous avez toute ma compassion

4. Un adolescent, c'est :

- ❑ a. vous/votre frère/votre sœur/votre père/votre mère
- ❑ b. le QI et la consistance d'un nougat glacé en fin de soirée
- ❑ c. plus difficile à décoller d'un canapé qu'une tâche de coca
- ❑ d. un enchantement quand il n'est pas là

5. Quand il y a tout le monde à la maison, on se croirait :

- ❑ a. au Parc des Princes, pendant un match OM/PSG sans service d'ordre
- ❑ b. dans un camp de sans-abris sous le périphérique

- ❑ c. dans un jardin japonais[2]
- ❑ d. « tout le monde » ne vous évoque rien, vous avez cessé de compter au deuxième enfant.

Résultat :

Quelles que soient vos réponses, votre vie est globalement déprimante. Et je soupçonne que, parfois, vous vous en rendez compte. En particulier lorsque vous croisez des amis assez pervers pour vous faire croire que leur vie à eux est parfaite.

Pour éviter le burn out parental, je ne vois donc que deux solutions :
vous immoler à la crème de marron chantilly par une nuit sans lune
OU
prendre un cours de self-défense contre les agressions familiales.

Premier exercice : tourner cette page.

2. Toi, soit tu ne sais pas de quoi je parle, soit tu cherches les ennuis.

1er INDICE DE BURN OUT PARENTAL

#Priorités

Lors d'un conflit majeur entre mes enfants, ma fille me dit : « *Maaamaaan, il m'a tapé avec la télécommande !* » Je convoque mon fils : « *Tu n'as pas honte ?! Après ça on pourra plus changer les chaînes de la télé !* »

Ce n'est pas que je les hais, c'est pas non plus que j'ai envie de me réjouir quand mes enfants se font mal ou qu'il leur arrive un truc ridicule... Mais je l'admets, la fatigue, les nerfs, les répétitions incessantes me poussent régulièrement à des réactions inadaptées.

Des exemples ?

> Tenter d'empêcher mon gamin de chahuter depuis vingt minutes, sans succès. Quand il finit par se faire mal, hurler dans un réflexe quasi animal et sans aucune compassion : « *BIEN FAIT !* »
>
> 21 h 38. Poser un bout de cul sur le canapé. Entendre des petits pieds se pointer discrètement et, sans filtre, crier : « *RHAAA !! PURÉE !!! MAIS QUOI ENCORE ?!!* »

Et que dire de cet autre réflexe tout à fait malheureux, mais sorti du cœur ?

> Entendre : « *Maman, mardi prochain, y a journée pédagogique à l'école, je reste à la maison ! Oueeeeee !* »
> Répondre : « *... Et merde...* »

Comment émerger du bourbier ?

Pour moi, le premier pas hors du tunnel putréfié de l'élevage d'enfants c'est l'instant où j'ai admis, en mon âme et conscience, que TOUT me gonflait à un point inimaginable : la contrainte physique de la présence, la contrainte mentale de devoir sans arrêt répondre à des questions, changer des couches, faire à manger, remplir le frigo, re-nettoyer une cuisine qui venait d'être lavée à grandes eaux...

Il y a d'abord eu ce moment, en pleine kermesse de l'école, où je me suis surprise à penser : « *Ça fait vingt minutes que les enfants font le tour de moi en courant, je vais pas tarder à leur vomir dessus.* » Et il y a eu ce soir où je me suis regardée bien en face dans le miroir et où je me suis dit : « *Je déteste cette vie.* » D'ailleurs, je me suis vue m'envoler par la fenêtre, m'élever loin au dessus des maisons du quartier, atterrir à Copacabana et commander un litre de Mai Tai (cocktail délicieux à base de rhum blanc, rhum brun, liqueur d'orange, jus d'orange et d'ananas, pas de grenadine, c'est un crime. L'abus d'alcool est dangereux pour la santé, mais pas l'abus de fantasme d'alcool).

Je ne l'ai pas fait pour des raisons pénales évidentes. Pour des raisons affectives, également.

En revanche, j'ai cherché à m'accepter comme j'étais, avec mes envies de tout plaquer et la conscience nouvelle que j'avais des limites.

J'ai aussi réalisé – c'est fou, les prises de conscience qu'on a en se regardant dans le miroir à 19 heures avec les cheveux sales et une éponge qui pue dans la main – que j'avais le droit d'exprimer les limites en question...

Pourquoi ? Parce que j'ai jugé que mes héritiers se construiraient aussi au contact de mon humanité et de mes vulnérabilités.
Je considère donc qu'ils peuvent apprendre à respecter l'épuisement de leurs géniteurs en allant, par exemple, bêtement se coucher quand c'est l'heure.

Ainsi a-t-il pu m'arriver de répondre à mes enfants, après une énième question à base de :

« *Maamaan il est où mon maillot ?!*

Je suis actuellement en congé. Pour les urgences faites le 15. Prochain rendez-vous possible le 3 septembre. »

C'est d'ailleurs après cette interaction que m'est venue la brillante idée d'inventer la « télécommande d'enfants », fantasme abouti de tout éleveur.se d'enfants.

Pub de mère indigne#2

La télécommande d'enfants

Qui n'a jamais rêvé de mettre son enfant sur pause quand il chahute, de le faire accélérer quand il tarde et d'appuyer sur « stop » au moment de le coucher ?

Moore Company invente la télécommande d'enfants ! Cette télécommande est le fruit d'un travail de recherche fondamentale de plus de vingt ans sur la science des odeurs, effectué par l'INRSLOQPCLG[1].

- appuyez sur « pause », la télécommande projette dans la pièce un puissant parfum anxiolytique qui rend votre enfant mou comme la chique.

- appuyez sur « accélérer », c'est un mélange unique de poudre de cocaïne microdosée et de caféine qui se diffuse.

- vous désirez coucher votre enfant ? Pressez « stop » : c'est une formule exclusive à base de poil de paresseux purifié bio qui envahit sa chambre.

La télécommande d'enfants est, bien entendu, livrée avec son masque protecteur pour les parents et son adaptateur jet directionnel en cas de traitements différenciés pour chacun.

1. Institut National De Recherche Sur Les Odeurs Qui Peuvent Contrôler Les Gens.

PARENT INDIGNE DE NIVEAU 1

PENSER À SOI AVANT DE PENSER À EUX

#AchèteMoiUnTruc
« *Maman tu nous a acheté un truc pendant les soldes ?*
– Mais oui, mon chéri. Regarde comme elles sont belles, mes nouvelles chaussures ! »

Le principe, c'est que nous devons nous occuper d'eux, nos héritiers, avant de penser à notre petit bonheur égoïste… Cela étant, il n'existe pas de bon principe sans exception !

Quand je fais passer ma satisfaction immédiate avant celle de mes enfants, je ressens une forme de joie que je qualifierais « d'orgasme parental ». Je pense que ce sentiment est autant lié à la satisfaction de mon besoin lui-même qu'au plaisir de me dire : « *Eh merde, moi d'abord !* »

En réalité, personne ne sait mieux que moi ce que je mérite au quotidien. Je ne parle pas des invraisemblables cadeaux de Noël[1] qu'on m'a offerts et je garderai un silence pudique sur les créations audacieuses des employés de l'Éducation nationale lors des bien nommées « fête des Mères » et « fête des Pères ». Non, moi je parle des vrais cadeaux, ces petites joies du quotidien que personne ne m'offrira, sauf moi-même.

Concrètement, voici les trois kifs égoïstes et un peu honteux que je me suis offerts, bien cachée de mes enfants, avec la bonne conscience du devoir accompli :

#TantPis

Me taper la boîte de chocolats que j'avais prévu d'offrir à la maîtresse le lendemain… Bon ben, c'est l'intention qui compte, après tout…

---

1. « *Tiens, maman ! Je t'ai fabriqué des chaussettes en laine de verre !* »

#UneChoseÀLaFois

Mettre ma fille dans son bain. Au bout de deux minutes trente, entendre : « *Maaaaamaaaaan, je veux sortiiiiiiir !!!* » Répondre en me faisant les ongles : « *Attends, ma chérie, je prépare le dîner !* »

#MoiD'Abord

Constater qu'il ne reste que deux yaourts au frigo. Entendre mon fils réclamer celui à l'abricot. Répondre : « *Oh, je suis désolée mon chéri, il est périmé. En revanche, il reste myrtille si tu veux.* » Oui, moi aussi je préfère l'abricot…

PARENT INDIGNE DE NIVEAU 2

AVOIR DE LA RÉPARTIE

#RestonsJeune
« *Maman, c'est quoi les petits boutons sur ton visage ?*
– On en reparlera à ton adolescence, ma chérie. »
#salegosse

Avoir de la répartie quand on a un/des enfant(s), c'est fondamental. Comment, sinon, leur couper le sifflet de façon radicale ? Mes héritiers sont des machines à questions à mouvement perpétuel. Si je ne les arrête pas, ils continuent indéfiniment, jusqu'à épuisement de l'adversaire : moi.

Avec le temps, j'ai pu conclure que la bonne répartie reste dans le cadre du sujet proposé par l'enfant, mais elle met fin à toute tentative de conversation ou rebond.

#WrongNumber

« *Maman ? Maman ?! Maaamaan !!!*

– Le numéro que vous avez demandé n'est plus attribué. Veuillez consulter le service des renseignements. »

#JeudeMerde

« *Maman ?*

– Oui ?

– Perdu !! On jouait à Ni oui ni non *!!*

– Maman ?

– Perdu !!! On jouait à Ni papa ni maman. »

#Relativiser

« *Bhaaa !! Maman, tes brocolis ils sont dégueulasses !*

– Dégueulasse, c'est quand tu essuies tes crottes de nez sur le mur, mange tes brocolis. »

#RelativiserBis

« *Maman, je mets pas le couvert, je suis pas un esclave !*

– Esclave, c'est un gosse de ton âge qui fait des t-shirts au Pakistan, mets le couvert. »

#Franchement ?

« *Maman, pourquoi on peut pas sortir le soir avec vous ?*

– Parce que vous avez besoin de dormir... Et aussi parce que vous êtes très relou. »

Je ne vous cache pas que l'art de la répartie se pratique avec finesse, sachant qu'il ne s'agit pas de rendre mes enfants silencieux à jamais. J'évite donc de les vexer, les humilier, les traumatiser en vue d'obtenir la paix, étant entendu qu'ils vont grandir et que toute répartie malfaisante me sera impitoyablement facturée à l'adolescence.

#JoyeuxNoël

« *Maman, moi, pour Noël, je voudrais une PSP.*

– Et moi, pour Noël, je voudrais un enfant sage, mais c'est comme la PSP, faut pas rêver. »

#ArmeNucléaire

« *Va au rugby !*

– Non !

– Va au rugby !

– Non !

– Je te prive de télé pour toujours.

– OK, j'y vais. »

#UneChoseÀLaFois

Mettre ma fille dans son bain. Au bout de deux minutes trente, entendre : « *Maaaaamaaaaan, je veux sortiiiiiiir !!!* » Répondre en me faisant les ongles : « *Attends, ma chérie, je prépare le dîner !* »

#MoiD'Abord

Constater qu'il ne reste que deux yaourts au frigo. Entendre mon fils réclamer celui à l'abricot. Répondre : « *Oh, je suis désolée mon chéri, il est périmé. En revanche, il reste myrtille si tu veux.* » Oui, moi aussi je préfère l'abricot…

PARENT INDIGNE DE NIVEAU 3

UTILISER LA MAUVAISE FOI

#FaitesCeQueJeDis
Dire : « *Non, les enfants, on ne grignote pas avant le dîner !* »
Essuyer les miettes de financier chocolat au coin de sa bouche.

#LaHonte
Imiter son fils devant des amis. Se faire gauler par lui. Le gronder parce qu'il ne frappe pas aux portes.

Dois-je vraiment expliciter ce point ? La mauvaise foi (voire le mensonge) est mon atout majeur dans l'éducation sereine de mes enfants.

L'enfant est incroyablement normatif : si je lui enseigne quelque chose que je ne suis pas capable de faire, il ne le fera pas non plus. Et si par chance il le fait, il me reproche de ne pas savoir le faire moi-même. C'est odieux. Exemple :

Mon fils de quatre ans fait tomber sa fourchette
« *Oh, merde !!!*
– *Ah non, mon chéri, on ne dit pas ce mot-là, c'est très grossier.*
– *Pourquoi toi tu le dis tout le temps ?*
– *Merde !* »

La mauvaise foi est donc la seule façon de sortir de ce type de situation. Je la cultive pour ma part avec beaucoup de constance : je dis le contraire de ce que l'honnêteté intellectuelle exige. Je capitalise sur mon avance intellectuelle et culturelle pour enfumer un maximum mes enfants, avant que ce ne soit plus possible[1]. Surtout, je n'ai AUCUN REMORDS : ils font pareil avec moi depuis la naissance.

Petit manuel de culture de la mauvaise foi...

Ainsi, je leur fais croire qu'ils ont le choix, alors qu'ils ne l'ont pas :

#MèreParfaite
Constater que les enfants refusent de sortir du bain. Vi-

1. Après huit ans.

der tranquillement l'eau et faire croire qu'il n'y a plus d'eau chaude pour remplir à nouveau. « *Je veux bien que vous restiez dans le bain, mais ça va être froid, c'est pas très agréable, si ?* »

Je détourne les règles à mon avantage :

#ÉquilibreNutritionnel

« *Maman, pourquoi tu as plein de gruyère fondu dans tes pâtes ? On peut en avoir aussi ?*

– Ah non, mon chéri, ça va faire trop riche pour vous. Et puis, tu vois, le paquet est fini... »

#ActivitésÉducatives

Planquer la télécommande et oublier où. Dire aux enfants : « *C'est un jeu : moi je cache, vous cherchez.* »

Enfin, je les enfume avec mon hypothétique sens du sacrifice :

#Sacrifice

« *Oui, les chéris, maman s'est sacrifiée : j'ai mangé le dernier pour pas que vous vous disputiez. Qu'est ce qu'on dit ?* »

#SacrificeBis
Se taper la dernière Danette sous leur nez en disant : « *De toute façon, elle était périmée.* »

Bien entendu, ma mauvaise foi peut s'étendre à l'ensemble des interlocuteurs du monde de l'enfance :

#NoComment
8 h 25 : oh, m***, je me suis rendormie !!
8 h 26 : « *Allô ? Oui, bonjour, Madame, vous pouvez prévenir les maîtresses des classes 2 et 7 que les enfants auront vingt minutes de retard ? Ils sont terribles, ce matin, impossible de les faire obéir !* »

(Là, nous venons allègrement de franchir la limite qui sépare la mauvaise foi du mensonge. Je ne vous cache pas que c'est la pente naturelle...)

#MèreParfaite
Laisser ma fille s'endormir dans le salon par flemme de la coucher. Quand son père arrive, dire : « *Elle était pas bien, je la surveille.* »

#JeGère
« *Les enfants, habillez-vous, on reste pas en pyjama toute la journée !*

- Et toi, maman ?

- Je suis pas en pyjama, je suis en tenue d'intérieur. »

#CaVaBienMerci

« *Maman, tu me rapporteras un cadeau d'Avignon ?*

- Ah, désolée, mon chéri, ça va pas être possible, y a pas de magasins ici. »

#ShowMustGoOn

Emmener les enfants au spectacle. S'ennuyer fermement. À l'entracte, dire : « *Ça y est, c'est fini ! C'était super, hein ? Allez, on rentre !* »

#DébordéeDeBoulot

« *Maman, pourquoi on a pris le goûter à l'école, finalement ?*

- J'étais coincée au travail avec des collègues, mon chéri.

- C'est qui tes collègues, maman ? »

- Derek Shepherd et Meredith Grey. Ils sont très très exigeants avec maman... »

PARENT INDIGNE DE NIVEAU 4

ÊTRE PRÉVOYANT

#BonÀSavoir
Maintenant que je suis parent, je sais qu'on peut choisir quel enfant aura la fève.

Qui veut la paix prépare la guerre, surtout avec des enfants. Je ne me leurre pas : les moments de calme sont une exception. Je pense donc à fourbir mes armes pendant qu'il est encore temps. J'ai pris conscience qu'un peu d'anticipation pouvait me faire gagner beaucoup de tranquillité.

Autrement dit, je profite du fait qu'ils font moins d'un mètre pour les prendre en photo dans des postures dont ils auront honte dans dix ans. La force de l'adversaire, c'est l'effet de surprise, j'ai donc TOUJOURS un temps d'avance.

Je n'oublie pas qu'ils choisiront ma maison de retraite.

#Tranquillité
#Générosité
Ne pas mettre de piles dans un jouet bruyant. Le filer à Emmaüs. Dire à son fils : « *De toute façon, il a jamais marché ce truc.* »

Pour moi, l'anticipation consiste à prévoir dès à présent ce que j'utiliserai plus tard comme moyen de pression :

#NotePourPlusTard
À l'adolescence de ma fille, penser à ruiner ses coups de fil en criant près d'elle : « *Ma chériiie, j'ai fait cacAAAAAA...* »

Ma sage prévoyance consiste également à exercer le chantage :

#Parents1-Enfants0
J-24 avant Noël, ma période préférée de l'année : le chantage aux cadeaux peut enfin commencer.

#Parents1-Enfants0Bis
Parents, merci d'envoyer les invits pour les fêtes de vos enfants le plus à l'avance possible. Chantage à la fête = obéissance garantie.

On peut également diviser pour mieux régner – technique particulièrement appréciée dans les dictatures.

#MaillonFaible

Tu as trois enfants qui ruinent ta santé ? Identifie le maillon faible et favorise-le par rapport aux autres. Tu viens de créer un fayot. Bravo !

PARENT INDIGNE DE NIVEAU 5

SE VENGER DE TEMPS EN TEMPS

#Question-Réponse
Ce soir, pour m'embêter, mon fils a éteint la lumière du couloir. En guise de réponse, je me suis planquée dans un recoin, et quand il est passé devant moi : « *BAAAAAAAAA !!!* »

Évidemment. Il est extrêmement mauvais pour mes cellules d'entretenir une frustration liée à l'impossibilité de prendre ma revanche. Alors que c'est possible, sans violence physique ni verbale, juste en prenant exemple.

#DodoL'EnfantDo
3 h 36. Pas moyen de dormir… Je vais aller réveiller un des mes enfants pour qu'il m'apporte un verre d'eau et me lise une histoire.

#FêteDesMères

Pour la fête des Mères, moi aussi j'offre des cadeaux à mes enfants : cette année, je leur ai fabriqué des t-shirts en papier d'aluminium.

#PourLePlaisir

Couper l'eau chaude pendant que l'ado prend sa douche. L'entendre crier. La remettre. Couper à nouveau. Kiffer.

#1Partout

Mon beau-fils a utilisé mon verre préféré comme cendrier. « *Mon chéri, je suis dans ta chambre. Je prends ton iPhone, j'ai besoin d'une semelle...* »

#Oups

Sortie des toilettes de ma belle-fille. De dos, sa jupe est coincée dans sa culotte. J'ai rien dit, je ne voulais pas qu'elle loupe son bus…

#Respirer

150 euros de courses il y a deux jours, y a déjà plus un yaourt dans le frigo… Prochaine fois, je leur prends de la faisselle 0 % marque distributeur, ça leur fera les pieds.

#JeSuisChezMoi

Hier, rangement/tri dans les chambres des enfants. Je vous rassure je n'ai pas jeté tous les jouets moches et bruyants, j'en ai donné aussi.

Pub de mère indigne #3
La cape d'invisibilité

Fabriquée selon un brevet exclusif développé par nos experts de Poudlard, cette cape d'invisibilité vous permettra de disparaître au moment le plus opportun :

- arrivée de vos enfants au coin de la rue

- débarquement spontané de vos beaux parents

- irruption d'un ex à votre bureau...

Elle vous permettra également d'espionner toute votre famille et ainsi de rassembler des éléments compromettants, à conserver pour les jours difficiles.

La cape d'invisibilité c'est le plan d'épargne tranquillité pour toutes les étapes de votre vie !

PARENT INDIGNE DE NIVEAU 6

ASSUMER

> **#FrèreIndigne**
> Très fière, mon éducation commence à porter ses fruits : il fait 25 degrés et mon beau-fils a mis un col roulé à ma fille.

Assumer, c'est le plus important ! J'ai conscience que le juge le plus sévère à mon égard, c'est moi-même.

J'assume donc à mes propres yeux, je me décerne régulièrement des récompenses pour ma créativité et je ris fort de mes propres idées...

En réalité, j'essaye de me réjouir d'être simplement humaine, je me répète d'ailleurs une fois par heure ce mantra : « *Je les loge, je les nourris, je les habille, je les embrasse, je leur souris, j'ai fait le boulot* », en espérant que mon intégrité sera la meilleure preuve de réussite pour les autres.

Évidemment qu'il y a des appartements mieux rangés que le mien ! Mais le merdier n'a jamais empêché qui que ce soit de bien grandir : je paierais cher pour voir l'appart des parents d'Albert Einstein ou de Simone Veil quand ils étaient ados...

J'assume oui ! J'accueille avec un grand sourire le sourcil froncé de l'enseignant de maternelle, je flatte la croupe de la directrice du primaire, je claque la bise au conseiller d'éducation du collège... Je me rends irrésistiblement sympathique et charmante. L'idée est de faire de ma désinvolture un art prompt à susciter l'admiration de tous pour convertir de nouveaux adeptes. Et je vais en paix. Séduisant n'est ce pas ?

#Bravo

8 h 35. Porte école fermée. Croiser une femme pas pressée qui mange un croissant en amenant ses deux enfants. S'arrêter pour la féliciter.

#CelluleDeSoutien
Toi qui arrives à l'école de tes gosses à 8 h 45 pour 8 h 30 et réalises que tu as oublié le sac de gym et le petit dernier : on est là, on t'aime.

#EtAlors
Télévision : appareil hypnotisant les enfants dès trois ans.
Synonyme : nounou du matin tôt, des vacances et du week-end.

#Feignasse
Cette année, les enfants ne font aucune activité le mercredi. C'est beaucoup trop fatigant pour moi.

En revanche, pour assumer, je ne vous cache pas que j'accepterais volontiers un peu d'aide de la part de deux partenaires : « mon équilibre psychique » et « mes émotions »...

Personnellement j'assumerais encore mieux après vingt minutes de méditation quotidienne, qui m'éviteraient de dire n'importe quoi à n'importe qui à la première provocation.

Cette réflexion m'a amenée fort logiquement à imaginer ce qui n'existera malheureusement jamais : le convertisseur de paroles inappropriées.

Pub de mère indigne#4
Le convertisseur de paroles

Vous avez envie de hurler sur le directeur de l'école ou la professeure de piano ? Pas de problème ! Placez le convertisseur de paroles devant votre bouche et hurlez des insultes dedans : votre interlocuteur n'entendra que des compliments et des paroles aimables.

Fonctionne aussi en mode inversé !

Vous n'arrivez pas à dire ce que vous pensez réellement à votre partenaire de vie, vos enfants, vos parents, vos employeurs ou votre chien ?

Placez le convertisseur de paroles devant votre bouche pendant que vous tenez un langage diplomatique de poule mouillée : le convertisseur se charge de le transformer en paroles cinglantes dignes de vos pensées les plus agressives.

Le convertisseur de paroles, c'est l'efficacité technique au service de votre intégrité.

PARENT INDIGNE DE NIVEAU 7

DÉLÉGUER

#Conjoint

« *Maman, tu nous racontes une histoire ?*
– Désolée, mon chéri, maman a la carte immunité ce soir, demande à papa. »

Franchement, au nom de quoi devrais-je accepter de tout me taper tout.e seul.e ? Parce que l'autre gagne plus d'argent ? A moins le temps ? Parce qu'il est interdit de faire travailler des enfants mineurs ?

Personnellement, je suis tout sauf une femme d'intérieur… J'aime être chez moi, mais je n'ai pas l'amour du foyer au point d'en avoir fait mon métier : à savoir, majordome bénévole. Il n'y a aucune raison de ne pas mettre le ramassis de feignasses qui m'entoure au boulot.

Oui, tout le monde fait n'importe quoi. Mais je tiens ! C'est une stratégie de défense. Je refuse de les laisser m'enfumer avec leur prétendue incompétence : j'ai bien appris, moi, alors pourquoi pas eux ?

#ÉtatCivil
Faire mémoriser à ses enfants leur date de naissance pour ne plus avoir à se la rappeler.
« Il est né quand ?
Demandez-lui. »

#Autonomie
Vacances J3 : « *Maman, ce matin je me suis habillée toute seule, parce que papa était pas là et toi tu dormais.* »

#Nounou
Rester bien planquée dans son bureau pendant que la nounou se fait arracher la tête par les enfants.

Cela dit, déléguer, c'est une compétence en soi ! Je les motive, je leur insuffle énergie, courage, ténacité et envie, à coup de promesses honteuses de minutes supplémentaires passées devant un écran… Pour moi, le seul avantage de la prolifération des jeux vidéos, séries et autres programmes idiots pour enfants, c'est la multiplication des sources de contreparties.

Débarrasser la table intégralement
= un épisode des Pokémons.

#Ménage

Si vous avez des baies vitrées, faites des enfants grands ou adoptez-en : c'est beaucoup plus pratique pour le ménage.

#MénageBis

« *Mais maman, on est trop petits pour faire le ménage.*

- Vous êtes assez grands pour mettre le merdier, vous êtes assez grands pour le nettoyer. »

#MénageTer

Pendant les vacances, prévoir une session « ménage à hauteur d'enfant ». Leur faire nettoyer tout ce qui se trouve à moins de 80 centimètres du sol.

#ConjointBis

Entendre les enfants appeler à six heures un dimanche. Pousser son mari. Mettre des bouchons d'oreille. Dormir jusqu'à onze heures.

#ConjointTer

« *Chéri, tu peux coucher les enfants ?*

-... (x3)

- Chéri, tu veux faire l'amour ?

- Ouais, cool.

- OK, t'es pas sourd, va coucher les enfants. »

En toute logique, je me devais d'imaginer une invention cohérente, propice à un chantage non seulement facile, mais redoutablement efficace...

Pub de mère indigne#5

Le dématérialisateur de console de jeu*

Vous cherchez encore l'allié parfait d'un chantage réussi sur vos enfants ?

Faites l'acquisition du dématérialisateur de console de jeu.

Son fonctionnement est ultra simple : dès qu'un de vos enfants refuse de lâcher sa console pour mettre le couvert, appuyez sur le dématérialisateur et la console disparaîtra instantanément !

A contrario, si votre enfant refuse d'aller prendre son bain, réappuyez sur le bouton et faites apparaître la tablette au-dessus de la baignoire pleine. Nul doute qu'il se précipitera.

**Fonctionne aussi pour la Wii et les tablettes.*

Le dématérialisateur de console, c'est l'allié d'un quotidien efficace et ordonné. N'hésitez plus !

PARENT INDIGNE DE NIVEAU 8

SE PROTÉGER

#ÉducationPopulaire
Chez moi, la télé pour les enfants, c'est à visée purement pédagogique : ils ont le droit de la regarder uniquement quand je dors.

La vie de parents ne consiste pas à rechercher l'épanouissement. Non, elle consiste essentiellement à essayer d'éviter les emmerdements.

Emmerdement [Définition]
Toute activité non prioritaire, consommatrice de temps, d'énergie ou des deux, au détriment de ce qui reste essentiel : notre confort.

Exemple d'emmerdement : arbitrage de dispute pour savoir qui a commencé, nettoyage de

jouets cassés, rangeage d'objets qui seront ressortis dans la minute[1].

#Barbie
Cris, larmes, drame... Je viens de me faire gauler en train de jeter la barbie tondue sans bras...

Pour moi, le principal moyen d'éviter les emmerdements consiste à « regarder ailleurs[2] ». La variante « se boucher les oreilles » m'évite également de devoir arbitrer des conflits à côté desquels la situation israélo-palestinienne est une innocente partie de cache-cache qui a mal tourné.

#Urgences
Entendre les enfants chahuter. Simultanément, hurler de sa cuisine : *Arrêtez ! Vous allez vous faire mal !* » Au bout de cinq minutes, entendre les hurlements de l'un, puis de l'autre. Dire : « *Il y a du sang ?* » Entendre : « *Non.* » Fermer la porte de la cuisine.

1. Liste non exhaustive.
2. Une technique également salvatrice si des trafiquants de drogue dealent en bas de chez vous.

#PrisonBreak
Entendre les enfants se disputer bruyamment. Quand les cris se rapprochent, courir s'enfermer dans la salle de bain.

Regarder ailleurs vous permettra également de ne pas gérer des situations objectivement non gérables :

#AhOuiMaisNon
Découvrir une substance non identifiée sur un jouet des enfants. Penser : « *Même pas en rêve je nettoie ça.* » Planquer le jouet à jamais.

#PrisonBreak
Voir/entendre son enfant se rouler par terre dans un rayon pour avoir un cadeau. Avec beaucoup d'amour, quitter les lieux sans se retourner. #survie

Goûter d'anniversaire [Définition]
Activité parentale consistant à se cacher pendant que son conjoint est séquestré par des enfants d'autres gens.

J'avoue. Éviter les emmerdements consiste également à NE RIEN FAIRE. Vraiment rien.

#Sonotone

Mon fils me parle dans discontinuer depuis huit heures ce matin. Si je l'écoutais, je pourrais vous dire de quoi.

#ActivitéÉducative

« *Tu as prévu quoi comme activités pour les enfants, pendant les vacances ?*

– Un truc pédagogique qui stimule leur créativité : l'ennui. »

#SantéPublique

Rendre une tétine tombée par terre sans la laver et se dire : « *Oh, ben ça lui fait des anticorps.* »

#GainDeTemps

Voir les fringues à repasser pour les enfants. Les mettre direct dans leur placard. De toute façon, ce sera taché demain.

J'utilise également la bonne vieille technique de la dissuasion, qui consiste à ne pas être trop sympa, pour éviter d'être sollicité(e)[3].

#QUOIENCORE !
Je suis tellement charmante la nuit que mes enfants ne viennent jamais me réveiller. Beaucoup trop risqué.

#QUOIENCORE ! Bis
Être coincé(e) par un enfant malade à la maison. Se montrer désagréable pour lui donner envie de retourner à l'école, vite.

#GrasseMatinée
Quatre heures du mat », fin du réveillon : laisser des gressins et de l'eau sur la table pour que les enfants puissent manger pendant qu'on dormira.

Éviter les emmerdements étant un art en soi, j'ai évidemment pensé à l'outil idéal qui n'existera jamais…

---

3. Un peu comme les vendeurs d'articles ménagers dans les grands magasins.

Pub de mère indigne#6
Le convecteur à cachette

Ce convecteur à ondes alpha vous aidera à détecter la meilleure cachette possible, où que vous soyez, pour que vos enfants ne puissent pas vous retrouver.

Passez le convecteur tout autour de vous. Son écran s'allume automatiquement en vert lorsqu'une bonne cachette est détectée.

Enfin un week-end tranquille à bouquiner pendant que les enfants vous cherchent !

PARENT INDIGNE DE NIVEAU 9

DEVENEZ EXIGEANT.E ET PRÉCIS.E DANS VOS DEMANDES

Oui, j'ai mis quelques années à le réaliser mais maintenant c'est bon, j'ai le droit de demander à ce que les toilettes et la salle de bain soient dans un état convenable !

J'ai même le droit d'envisager que mes héritiers se prennent en charge un minimum le matin, eu égard au fait que je dois déjà m'occuper de quelqu'un de la plus haute importance : moi.

C'est pourquoi je me suis mise à écrire méthodiquement des modes d'emploi – le mode d'emploi, c'est mon truc, une marotte que voulez-vous... – celui de la salle de bain, des toilettes et du matin.

Je les partage avec vous, ils sont affichés en bonne place chez moi, bien entendu.

Consignes pour ma famille#1

Qu'est-ce qu'une salle de bain et comment l'utiliser

LE SAVIEZ-VOUS ?

La salle de bain est une pièce commune à plusieurs usagers, au sein du foyer. Un peu comme une entrée d'immeuble. Il n'est donc pas possible :

de s'y installer au-delà de quinze minutes

d'y manger

d'y boire

d'y dormir

d'y faire des expériences de chimie

d'y laisser une colline de vêtements

d'y inviter des gens

d'y fumer.

INCROYABLE : la salle de bain est un lieu dédié à la propreté. Pas comme une entrée d'immeuble. On y vient donc essentiellement pour se laver et en ressortir PLUS PROPRE qu'on y est entré.

Qu'est-ce que se laver ?

1. Se mouiller. Oui, avec de l'eau.
2. Vérifier qu'on s'est déshabillé avant.
3. Attraper quelque chose qui lave : un savon, un gel douche, un shampooing, un gant de toilette, votre main.
4. Mettre en contact le truc qui lave avec le truc qu'on veut laver. Exemple : mettre du gel douche en contact avec votre corps. Non, pas la bouteille de gel douche, un peu de gel douche.
5. Frotter. Oui, c'est important.
6. Penser aux recoins. Les endroits que vous ne voyez pas sont des endroits que vos voisins pourront sentir.
7. Rincer. Oui, avec de l'eau. Oui, partout. Oui, ça prend du temps.
8. Prendre une serviette et frotter les parties mouillées de votre corps avec.
9. Une fois que vous êtes sec/sèche(s), la serviette est mouillée. Soyez humains, laissez-lui une chance de sécher : posez-la à plat sur une surface large (non, une serviette en boule ne sèche pas).

ÉTONNANT : la salle de bain doit aussi rester un lieu propre (c'est fou !). Il est donc important de bien emporter avec vous ce qui ne part pas spontanément dans une bonde de douche ou de lavabo :

les cheveux
les rognures d'ongle
le fil dentaire
la barbe
les poils
les OTNI[1].

TRUC DE OUF : à cet effet, la POUBELLE a été inventée.

N.B. Tout élément susnommé (serviette mouillée, cheveux et autres OTNI) retrouvé dans la salle de bain finira sa course dans votre lit. Sous vos draps.
De rien.

1. Objets traînants non identifiés.

Consignes pour ma famille#2

Qu'est-ce que des toilettes et comment les utiliser ?

Les toilettes sont un lieu PRIVATIF et INTIME, ce qui implique :

de ne pas parler à la personne qui s'y trouve.
Même pour « *un tout petit truc* » ou « *un truc super important qui prend deux secondes* » ou encore un : « *Mais je me suis fait mal au pieeeed !!!* »

de respecter le fait que la porte est fermée et donc de ne pas commenter les bruits qu'on y entend éventuellement. « *HA HA HA !! MAMAAAAN T'AS PÉTÉ !* » n'est PAS une remarque appropriée.

Les toilettes sont munies d'une porte qui, l'essentiel du temps de son existence, doit restée FERMÉE. Oui, FERMÉE :

quand vous êtes DANS les toilettes,
quand vous SORTEZ des toilettes.

Sinon, ça n'est pas feng shui et ça pue.

Les toilettes sont un lieu d'HYGIÈNE, pas une toile vierge pour vos tentatives de décoration intérieure de la cuvette. Merci, donc :

de refermer la cuvette AVEC LE COUVERCLE[2]. Le couvercle de cabinet est une industrie mondiale qui pèse des millions en dollars, dans laquelle des gens font de la recherche pour optimiser ce produit.
Merci de bien vouloir :

- honorer toute cette énergie en le rabattant.
- de bien vouloir prendre votre main propre pour actionner la chasse.
- d'entrouvrir le couvercle pour vérifier que la cuvette est propre. Non, on ne peut pas laisser le couvercle ouvert pendant qu'on tire la chasse ! Parce que ça vaporise dans les airs vos P*** de bactéries !!
- de nettoyer à la brosse vos créations éphémères.
- de REFERMER LE COUVERCLE[3].
- de VOUS LAVER LES MAINS.

---

2. Oui, c'est pour ça qu'il y en a un.
3. Oui, ça fait deux fois que vous le fermez, bravo.

Consignes pour ma famille#3

Routine du matin

7 h 15

Réveillez-vous. Étirez-vous en respirant à fond par le nez et surtout... Levez-vous. (On ne sait jamais, vous pourriez oublier.)

Ouvrez votre lit et la fenêtre. Oui, ça pue.

Préparez vos vêtements – ne les mettez pas avant le petit-déjeuner, si vous les salissez, je me connais, je vais avoir du mal à rester aimable.

N'allumez pas la tablette. Ne vous disputez pas.

7 h 30

Prenez votre petit-déjeuner. Si les céréales/le lait/les tartines/la confiture ne sont pas déjà sur la table, ne dites pas : « *Maaamaaan, y a rien à manger !!* »

Ouvrez les placards et sortez-les, vous avez des doigts.

P.S. Ne mangez pas à même la table, merci.

P.P.S. Ne vous essuyez pas les mains et la bouche sur votre pyjama. Prenez une serviette.

Éteignez la tablette. Arrêtez de vous disputer.

8 h

Finissez de débarrasser votre petit-déjeuner – ne comptez pas sur moi, je déteste ranger autant que vous.

Ne vous disputez pas pour savoir qui va ranger le lait : rangez le lait.
Brossez vos dents. Il vous reste un truc sur la joue.
Éteignez la tablette. Arrêtez de vous disputer.

Faites votre lit. Oui, il faut. Même si on le re-défait le soir.
Brossez-vous les dents. Oui, il faut. Même si on re-mange à midi.

Habillez-vous. Chaudement s'il fait froid, froidement s'il fait chaud. Si vous ne savez pas, ouvrez la fenêtre et jugez par vous même, je ne suis pas la dame de la météo.
Ne vous habillez pas comme un clown. Visez un minimum d'élégance. Si l'élégance est trop compliquée, visez la propreté. Merci.

8 h 10
Essayez de vous rappeler si vous avez piscine/gym/poterie/dressage de lion ou toute autre activité nécessitant la prise d'un sac supplémentaire. Je refuse de devoir retourner vous apporter une tenue à l'école entre deux rendez-vous de boulot. Je paye les affaires, vous vous en occupez, capisce ?
Éteignez la tablette et arrêtez de vous disputer !!!!

8 h 15
Partez. Pitié. Maman vous aime. Bisous bisous.

Soyez prudents, regardez avant de traverser, ne vous disputez pas sur le chemin, ne quittez pas le chemin de l'école, ne parlez pas à des inconnu(e)s, ne répondez pas à des inconnu(e)s : répétez ce qu'ils vous disent en hurlant (même s'ils veulent vous montrer des petits chats, des bonbons, cherchent leur chemin, vous disent que c'est de ma part, ont l'air d'aller mal... Il y a suffisamment d'adultes dans la rue pour aider un autre adulte, allez à l'école, bon sang !)

8 h 30
Soyez à l'école. Imaginez que je suis derrière vous et que je vous surveille. Non je plaisante. Imaginez que je suis en face de vous et que je vous regarde.

J'ai donc bien affiché tout cela chez moi, sur les portes des lieux concernés ainsi que sur le paquet de céréales.

Fort opportunément, les enfants m'ont demandé pourquoi je placardais ces consignes au lieu de les leur dire.

Naturellement, j'ai répondu : « *On ne sait jamais, si je mourais avant d'avoir fini votre éducation...* » (Regard pudique et résigné, soupir, j'ai quitté la pièce sur ces mots.)

#LaCulpabilitéChangeDeCamp
#IlsÉtaientMortsDeRire
#Ingrats

COURAGISSEMENT ET BRAVITUDE DES PARENTS

La question que je me pose à présent, c'est : est-il possible de s'en sortir par le haut ?

Est-il possible de s'épargner un peu de fatigue, de surmonter l'épuisement, de ne pas finir essoré.es physiquement et mentalement quand nos enfants auront décidé que leur vie leur appartient ? **(#IngratsBis)**

Et puis, est-il possible d'au moins se reconnaître à soi-même quelques qualités, quelques avantages, de cesser de se flageller à cause de notre propre nullité, réelle ou projetée ?

PARENT : UN DÉPASSEMENT DE SOI

19 trucs dont je ne me serais pas crue capable avant d'être mère

1. Accoucher. Trois fois.

2. Me lever deux fois par nuit sans dégommer la cause de mon réveil.

3. Me lever avant onze heures le dimanche.

4. Faire rentrer l'équivalent d'un 38 tonnes de couches/doudous/biberons dans une Twingo.

5. Écrire un « mode d'emploi » complet de mes enfants, à destination de mes parents.

6. Sortir à coup de pied au c*** les individus toxiques de ma vie pour cause de : « C'est pas tout ça, mais j'ai des enfants à élever ! »

7. Pleurer d'exaspération au téléphone quand la CAF me dit : « Ah non, Madame, on a perdu votre dossier. »

8. Être capable de dire au téléphone à la directrice de la crèche : « Écoutez, Madame, je me contrefous que vous ne preniez pas les enfants en milieu de journée, votre puéricultrice m'a dit le contraire il y a deux heures. J'ai plié les deux enfants, ils sont propres, ils ont mangé, ils sont calmes, vous allez les prendre sinon moi je me fous dans la Seine, OK ?!! »

9. Finalement, apprendre à respecter des horaires d'ouverture/fermeture (de crèche, d'école, de coiffeur...)

10. Me lever à 7 h 30 en m'étant couchée à quatre heures pour cause de boulot.

11. Faire à manger à d'autres gens sans manger moi-même.

12. Laisser la meilleure part du plat à mes enfants.

13. Finir les courses à 16 h 25 et être à l'école à 16 h 30 – en respectant les règles de circulation (oui, je mérite une médaille).

14. Avoir peur en avion tout en rassurant ma dernière qui hurle : « JE VEUX DESCENDRE !!!! »

15. Faire faire des devoirs de CP à trois heures du matin à une enfant paniquée qui l'exige, sous peine de réveiller tout l'immeuble.

16. Faire deux kilomètres à trottinette taille enfant pour choper les enfants à la sortie de l'école.

17. Arriver en retard et pleurer dans le hall de l'école pour qu'on aille les chercher au goûter parce que j'ai promis qu'on le passerait ensemble.

18. Faire un Mulhouse-Paris en roulant toute la nuit après une soirée de boulot pour être à la première communion de mon fils à dix heures du matin (étant entendu qu'il ne se souviendra jamais que je l'ai fait mais que si je ne l'avais pas fait, j'en aurais entendu parler pendant vingt ans, minimum).

19. Courir sur un tapis/faire des abdos/des pompes/du yoga deux fois par semaine, pour ne pas finir molle et voûtée quand j'aurai fini de les élever.

SOUS VOS APPLAUDISSEMENTS
MERCI
(Personne ne me félicitant JAMAIS pour cet héroïsme du quotidien, je m'en félicite moi-même.)

LE PÈRE DES ENFANTS ET MOI

VIVE L'ÉDUCATION ALTERNÉE !

Quand j'ai été enceinte pour la première fois, je me souviens encore de cette scène, pendant laquelle j'ai dit à mon conjoint : « *Je te préviens, c'est 50/50, j'ai une carrière à faire, je ne serai pas celle qui arrivera toujours tard au bureau et qui en partira tôt !* »

Comment concilier la culture d'héritiers sous serre et une vie professionnelle accomplie ? Si la recette miracle existait nous serions nombreuses à l'utiliser !

Il existe cependant trois ingrédients susceptibles de nous faciliter la vie :

1. Ne pas se laisser piéger par le classique : « *Oui, mais si je travaille, la nounou va nous coûter plus cher que mon salaire.* » Vous êtes DEUX à travailler. Le salaire de la nounou est à considérer sur le salaire des DEUX, pas seulement sur le salaire de celui/celle qui gagne le moins des deux.

2. Avoir un(e) partenaire de vie qui prend votre carrière autant au sérieux que la sienne.

3. Faire un truc de riche : libérer une pièce chez soi, quitte à se serrer, pour avoir un(e) personne au pair[1].

Être deux adultes qui désirent s'accomplir dans leur boulot tout en ayant des enfants, surtout vivant en ville, c'est un défi aussi compliqué que d'arriver à finir cette phrase convenablement. Voici néanmoins une piste qui pourrait vous éclairer sur le titre de ce chapitre...

---

1. Pas forcément jeune, pas forcément jolie, pas forcément idiote et inefficace.

Je suis à présent une femme libre[2]. Depuis que nous avons divorcé, mon mari et moi, nos enfants sont en résidence alternée, ce qui nous donne à chacun une semaine à plein-temps avec les enfants, et une semaine sans eux.

Lors de la phase intermédiaire de séparation, nous vivions encore dans la même maison et appliquions déjà ce schéma-là. Un mode de fonctionnement parfaitement équitable ! LA révélation !

Les semaines où je devais m'occuper des enfants, je savais que j'allais traverser un moment exigeant, mais comme je ne pouvais compter que sur moi, je m'étais organisée pour. Que dire, à l'inverse, de la semaine de « liberté » ! Sept jours entiers à ne gérer que *soi*, *son* boulot, *ses* sorties, *ses* ami(e)s, *son* sport, bref : retour à la vie d'avant les enfants, alors qu'ils n'ont pas encore quitté la maison. LE PARADIS.

Je dois être honnête : cette semaine de liberté est une respiration fantastique ! Et pour ceux que ça choque, je peux toujours dégainer : « *Ah, non, mais c'est nécessaire pour récupérer de l'énergie avant la semaine avec enfants ! D'ailleurs, ils me manquent tellement quand je ne les ai pas...*[3] »

---

2. Oui, je trouve que le terme « divorcée » est un peu réducteur, ma vie actuelle ne se résumant pas à la fin de ma vie maritale.

3. (LOL).

Ravie de ma découverte, j'évoque l'hypothèse de l'éducation alternée auprès de mes amies qui vivent (encore) avec le père de leurs enfants – ces mêmes amies qui, quand on parle répartition des tâches dans le couple, répondent toutes : « *Oh, mais nous c'est 50/50 !* »

Je pense donc, naturellement, déclencher une ola en exposant ce nouveau modèle parental... Et là... Déception :

« *Ça a l'air génial, mais il ne voudra JAMAIS.*

– Oui, enfin, tu lui proposerais même pas ?

– Comment tu veux qu'il s'en sorte, le pauvre, avec son boulot ?

– Ben je sais pas, comment tu fais, toi ?

– Non, mais moi c'est pas pareil, et puis il gagne plus que moi.

– Ah oui ? Et si tu pouvais t'investir plus, au moins une semaine sur deux, tu ne crois pas que tu pourrais gagner un jour autant que lui ?[4] »

Je ne vous cache pas qu'à l'origine de ces réactions peu enthousiastes, je soupçonne autant une minimisation (fondée ou pas) des capacités de l'autre qu'un léger problème de lâcher-prise sur des principes aussi affirmés que : « *Les enfants doivent être coiffés avant de partir* » – ce dont monsieur se contrefout visiblement.

---

4. Soyons honnêtes : on parle d'un horizon hypothétique. (Plus que 120 ans pour atteindre l'égalité salariale, paraît-il)

Mère Indigne et accomplissement de soi (Attention : passage sérieux)

Et puis, soyons justes, il y a aussi la trouille. La trouille de toutes les femmes, dont j'ai fait partie, qu'on a élevées dans la culture du « *les femmes ne sont pas faites pour faire la guerre*[5] ».

Je ne parle pas de la guerre au sens propre, mais du fait de sortir de chez soi, de sa zone de confort professionnelle et personnelle, des éléments que l'on maîtrise pour se lancer dans un monde peu accueillant : un monde perçu comme brutal, hostile et compétitif, surtout quand on est une femme.

Oui, le monde d'aujourd'hui me paraît plus compliqué à vivre pour les femmes que pour les hommes : la rue est un territoire difficile à occuper quand on est une femme. Y être en paix est une gageure[6], certains cafés nous sont même carrément hostiles. Certains métiers sont peu accueillants (le bâtiment, la cuisine, l'armée…) et beaucoup de femmes s'imaginent encore qu'en dehors du foyer ou d'un travail peu exposé, le champ des possibles est réduit.

Il ne l'est pas tant que ça. Nous avons la chance d'avoir pu bénéficier des enseignements de pionnières dans de nombreux métiers : Claudie Haigneré en astronomie, Simone Veil en

---

5. Sous entendu : les femmes sont priées de ne pas aller au front mais de bien vouloir s'occuper de l'arrière-plan.

6. 100% des femmes déclarent avoir déjà fait l'objet d'agressions sexistes dans les transports en commun.

politique, Anne Chopinet (1re au concours de polytechnique), Anne Sophie Pic en cuisine...[7]

Ces femmes, avec ou sans enfants, ont avancé et élargi l'horizon de toutes les femmes en s'accomplissant professionnellement. Elles sont nos héroïnes. Elles ont probablement fait partie des premières mères indignes !

---

7. wikipedia.org/wiki/Liste_des_premières_femmes_par_métier_ou_fonction_en_France.

JE SUIS UNE MAMAN FÉMINISTE

J'ai une amie très proche dont la fille de 14 ans est féministe – féministe revendiquée, avec le terme, et tout. Ce genre de jeune fille très déterminée qui a écrit au Pape pour faire part de son agacement vis-à-vis de l'absence de femmes prêtres. Ce genre de jeune fille qui remarque quand l'assemblée est essentiellement masculine, qui s'horripile devant des femmes nues utilisées dans la pub pour vendre des lave-linge… Que celles et ceux qui apprécient ce type de révolte adolescente lèvent le doigt !

Mon amie – sa mère, donc – se définit elle-même comme « *une femme des années cinquante* », avec tout ce que cela comporte d'honorable, de conventionnel par choix et de lessives à faire. Quand je lui ai demandé pourquoi, d'après elle, sa fille était féministe, elle m'a répondu : « *Pour ne pas avoir la vie de bonniche de sa mère.* »
Dont acte.

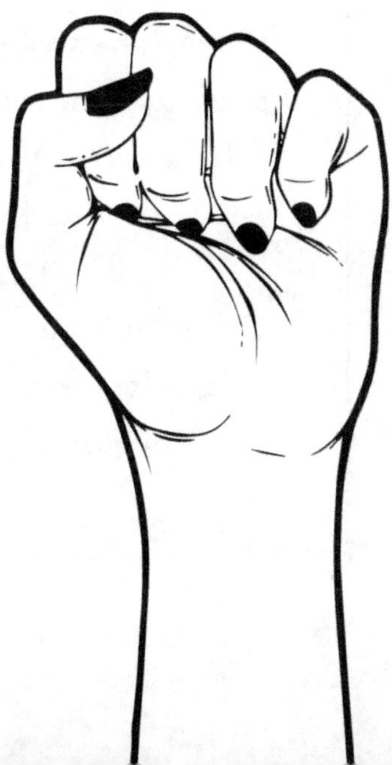

Il se peut donc que mon militantisme du quotidien dégoûte l'ensemble de mes enfants de s'intéresser à la cause, néanmoins j'essaye d'être cohérente avec mes valeurs et de leur donner une bonne raison de s'engueuler avec moi à l'âge adulte.

C'est quoi, être une maman féministe ?

C'est encaisser sans broncher que ta fille réclame sa dix-huitième Barbie princesse et qu'elle fasse une moue méprisante quand tu lui dis : « Y a pas une Barbie conductrice de travaux, des fois ? »

C'est offrir à tes filles une armure, la même que leur frère, pour qu'ils puissent se faire la guerre avec des trucs en mousse.

C'est permettre à ton fils d'essayer
tes chaussures à talons parce que, quand même,
ça fait classe. « Je pourrai aller avec à l'école ? »
Alors oui, mais non.

C'est devoir répondre à la question :
« Mais pourquoi t'es féministe ? » à des enfants
de six, huit et dix ans en essayant de pas les
désespérer à l'avance.

C'est passer son temps à veiller
qu'on valorise tes filles sans écraser ton fils,
et vice-versa.

C'est veiller à parler de nourriture en termes
de « c'est bon/pas bon pour la santé »
et non de : « Oh la la, si tu manges du sucre,
tu vas grossir » – ce qui demande une patience
d'ange quand ils mettent un kilo de pâte
chocolatée à la noisette dans leur yaourt.

C'est penser à dire à tes filles :
« Oh, comme tu es intelligente et forte ! »
alors que leur principal centre d'intérêt,
c'est la coiffure de Violetta.

C'est penser à dire à ton fils :
« Oh, comme tu es fin et attentionné ! »
alors qu'il payerait pour passer sa vie
à jouer à Clash of Clans sur la tablette.

C'est faire remarquer à tes filles que,
quand même, leurs héroïnes de séries passent
beaucoup de temps à se faire les ongles...

C'est faire remarquer à ton fils
que, quand même, ses héros de dessins animés
ont une toute petite tête et un très gros corps
plein de muscles, en priant pour qu'il ne prenne
pas exemple.

En gros, être une maman féministe, c'est passer son temps à combattre le rouleau compresseur du marketing rose et bleu en faisant appel aux neurones plastiques de nos héritiers ; et se préparer à ce que leur adolescence soit une longue litanie de reproches pour leur avoir lavé le cerveau et compliqué la vie avec nos « *conneries de féministe ringarde* ».

Ingrats.

CONCLUSION

Je ne perds jamais,
soit je gagne,
soit j'apprends.

Nelson Mandela

Indigne, féministe, exemplaire ou pas, l'essentiel, c'est d'être la mère que j'ai conscience d'être et que, dans la mesure du possible, je décide d'être.

En quelque sorte, je choisis mon camp et mes combats.

Celui contre le temps est clairement perdu d'avance, celui de la patience aussi, de la tension nerveuse également, celui de l'énergie de même... Il est écrit que je terminerai l'éducation de ces enfants en retard et sur les genoux.

En revanche, les combats de la créativité, de la curiosité, de l'humour, de la tendresse, de la compassion, du pardon, de la tolérance, de l'exigence morale, de la politesse, de la culture, de l'ouverture aux autres, ceux-là, je n'ai pas renoncé à les mener.

Je ne serai jamais une mère « orthodoxe », « classique » ni même très « structurante » – donc, sans doute, jamais suffisamment « digne » aux yeux de ceux qui jugent. Mais tant que je le suis à mes yeux, c'est de loin le plus important.

PS. Une petite dernière pour la route...

#Éducation

« *Oh ! Mais avance, connasse !* »

Ma fille, cinq ans, quand je klaxonne en voiture.

REMERCIEMENTS

Je me remercie moi-même
pour avoir relevé ce défi qui m'a permis de poser
toutes les idées que j'avais sur le sujet,
sans oser le faire. Arriver au bout de l'écriture
d'un ouvrage est quelque chose que je n'aurais
jamais imaginé être capable de réaliser.
Merci et bravo moi.

Je remercie Nicolas Kalogeropoulos qui a eu la brillante idée de me demander si je ne voulais pas écrire un livre et m'a présenté la délicieuse équipe des éditions Tut-tut.

Je remercie également les 22 083 lecteurs et lectrices de la page « Trucs de mère indigne » qui supportent mes âneries depuis six ans.

Des remerciements éplorés à Aurélie, l'éditrice de chez Tut-tut qui a fait trois burn-out par ma faute depuis qu'elle a pris ce projet.

Merci à mes parents, qui vont se marrer en lisant tout ce que je subis, tout en pensant « l'heure de la revanche a sonné ».

Merci à Théo Martin pour cette couverture de livre et ses gifs animés qui n'ont rien à voir mais nous font toujours autant rire.

Merci à Marie Guibourt pour sa relecture et ses remises en questions toujours si courageuses, pertinentes et inspirantes !

Un immense merci à Julie Stein, pour son écoute, son humour et l'excellente éducation qu'elle m'a donnée.

Des mercis également à Estelle, Virginie, Alexandra et Gabrielle, mes amies de toujours et j'espère pour toujours. Ce livre vous est dédié, il est le fruit de nos nombreuses conversations de femmes et de mères toujours en devenir.

Une pensée et des encouragements pour A., la jeune fille déterminée du chapitre sur le féminisme : nous sommes nombreuses à penser comme toi, tu n'es pas seule, nous sommes là !

Enfin, des câlins et des baisers à mes nombreux enfants et beaux-enfants, sans qui je n'aurais pas toute cette inspiration : A. C. B. V. et J.

Je vous aime.

POUR LES SPECTATRICES.TEURS DE « MÈRE INDIGNE »

Un grand merci à vous qui me portez depuis 6 ans. Vos rires, vos applaudissements, nos conversations à la sortie du spectacle sont une récompense qui n'a pas de prix !
C'est grâce – ou à cause – de vous que ce livre existe, j'espère qu'il vous plaira... Il n'est pas une redite du spectacle, mais son complément. Tout ce qui n'a pas pu être dit sur scène l'est ici. Merci à vous d'être présents.

Maman.

Achevé d'imprimer en France
par CPI Bussière
à Saint-Amand-Montrond (18)
Dépôt légal : avril 2017
N° d'impression : 2029122